新中国成立后，党和国家组织了民族识别和民族社会历史形态等调查。据当时的调查，仅云南彝族的自称有37种，他称44种。此外还有不少侮辱性的称谓。在调查研究的基础上，通过民族内部协商，将彝族各个支系统称为彝族。

走近中国少数民族丛书

主 编/丹珠昂奔

彝族

Yizu

陈国光 著

辽宁民族出版社

图书在版编目（CIP）数据

彝族/陈国光著. —沈阳：辽宁民族出版社，2014. 12
（走近中国少数民族丛书/丹珠昂奔主编）
ISBN 978-7-5497-0943-4

Ⅰ. ①彝… Ⅱ. ①陈… Ⅲ. ①彝族—民族历史—中国 ②彝族—民族文化—中国 Ⅳ. ①K281.7

中国版本图书馆CIP数据核字（2014）第310601号

走近中国少数民族丛书·彝族
ZOUJIN ZHONGGUO SHAOSHUMINZU CONGSHU·YIZU

丛书策划/李凤山

出版发行者：辽宁民族出版社
地 址：沈阳市和平区十一纬路25号 邮编：110003
印 刷 者：沈阳新华印刷厂
幅面尺寸：170mm×240mm
印 张：12.5
字 数：180千字
出版时间：2015年8月第1版
印刷时间：2015年8月第1次印刷
责任编辑：李凤山 吴昕阳 李 璜
封面设计：杜 江
责任印制：杨 雪
责任校对：边京爱 林 华

标准书号：ISBN 978-7-5497-0943-4
定 价：38.00元

法律顾问：陈 光
举报电话：024-23284336

邮购电话：024-23284335
联系电话：024-23284340
网 址：www.lnmzcbs.com
淘宝网店：lnmz2013.taobao.com

《走近中国少数民族丛书》作者名录

《蒙古族》 萨仁图娅（蒙古族）
《回族》 许宪隆（回族） 张龙（汉族）
《藏族》 丹珠昂奔（藏族）
《维吾尔族》 艾克拜尔·吾拉木（维吾尔族）
买力克·买买提（维吾尔族）
伊利迪尔（维吾尔族）
《苗族》 石莉芸（苗族） 李云兵（苗族）
《彝族》 陈国光（彝族）
《壮族》 黄佩华（壮族）
《布依族》 周国炎（布依族）
《朝鲜族》 黄有福（朝鲜族）
《满族》 于今（满族）
《侗族》 杨筑慧（侗族）
《瑶族》 玉时阶（壮族）
《白族》 董建中（白族）
《土家族》 罗中（土家族） 罗午（土家族）
《哈尼族》 朱志民（哈尼族） 李泽然（哈尼族）
《哈萨克族》 艾克拜尔·米吉提（哈萨克族）
伊拉达·拉音别克（哈萨克族）
《傣族》 赵瑛（傣族）
《黎族》 罗文雄（黎族）
《傈僳族》 鲁建彪（傈僳族） 欧光明（傈僳族）
《佤族》 郭锐（佤族）
《畲族》 钟亮（畲族）
《台湾少数民族》 林华（台湾少数民族）
《拉祜族》 苏翠薇（拉祜族）
《水族》 韦学纯（水族）
《东乡族》 马兆熙（东乡族） 马自祥（东乡族）
《纳西族》 白庚胜（纳西族） 孙淑玲（汉族）
白義（纳西族）
《景颇族》 金黎燕（景颇族）
《柯尔克孜族》 阿地里·居玛吐尔地（柯尔克孜族）
《土族》 祁进玉（土族） 东永学（土族）
《达斡尔族》 毅松（达斡尔族）
《仫佬族》 黎学锐（仫佬族） 黎炼（仫佬族）
《羌族》 雍继荣（羌族） 罗吉华（羌族）
周发成（羌族）
《布朗族》 陶玉明（布朗族）
《撒拉族》 马成俊（撒拉族） 马建新（撒拉族）
《毛南族》 韩德明（汉族）
《仡佬族》 周小艺（仡佬族）
《锡伯族》 阿苏（锡伯族） 盛丰田（锡伯族）
何荣伟（锡伯族）
《阿昌族》 们发延（阿昌族） 张斯齐（蒙古族）
《普米族》 朱凌飞（汉族） 杨周明（普米族）
《塔吉克族》 西仁·库尔班（塔吉克族）
阿力木江·西仁（塔吉克族）
《怒族》 李月英（傈僳族） 张芮婕（傈僳族）
《乌孜别克族》 吾尔买提江·阿布都热合曼（乌孜别克族）
《俄罗斯族》 乃珂热曼·依布拉音（塔吉克族）
《鄂温克族》 黄任远（汉族） 那晓波（鄂温克族）
《德昂族》 袁丽华（汉族） 王燕（汉族）
《保安族》 马少青（保安族）
《裕固族》 董潇红（裕固族） 王政德（藏族）
《京族》 吕俊彪（汉族）
《塔塔尔族》 卡米力·库尔马尤夫（塔塔尔族）
《独龙族》 李金明（独龙族）
《鄂伦春族》 王为华（汉族）
《赫哲族》 黄任远（汉族）
《门巴族》 陈立明（汉族） 张媛（汉族）
《珞巴族》 陈立明（汉族） 李锦萍（汉族）
《基诺族》 朱映占（汉族）

总序

中国是一个统一的多民族国家，几千年来，有着悠久历史和灿烂文化的少数民族，与汉族一道，在中华大地上繁衍生息，共同开发着这块土地，建设、发展、捍卫着这个古老而伟大的国家。各民族都是兄弟，相互离不开，都是这个国家的主人。习近平总书记在第二次中央新疆工作座谈会上发表重要讲话，指出："要坚定不移坚持党的民族政策、坚持民族区域自治制度。民族团结是各族人民的生命线。要高举各民族大团结的旗帜，在各民族中牢固树立国家意识、公民意识、中华民族共同体意识，最大限度团结依靠各族群众，使每个民族、每个公民都为实现中华民族伟大复兴的中国梦贡献力量，共享祖国繁荣发展的成果。各民族要相互了解、相互尊重、相互包容、相互欣赏、相互学习、相互帮助，像石榴籽那样紧紧抱在一起。要在各族群众中牢固树立正确的祖国观、民族观，弘扬社会主义核心价值体系和社会主义核心价值观，增强各族群众对伟大祖国的认同、对中华民族的认同、对中华文化的认同、对中国特色社会主义道路的认同。"因此，坚持平等、团结、互助、和谐的社会主义民族关系，不断增进了解、紧密关系，深化友谊、建立牢不可破的感情基础，是中国社会转型期、改革攻坚期、矛盾多发期保持社会稳定、发展的基本要求，也是实现中华民族伟大复兴的中国梦的基本要求。

为了进一步宣传我国少数民族的历史文化和民族风情，增强对少数民族的认识，宣传党的民族政策和方针，加强各民族之间的了解与沟通，让读者了解少数民族文化，加深对我党民族政策的理解，中华人民共和国国家民族事务委员会文化宣传司和辽宁民族出版社共同策划了《走近中国少数民族丛书》。

依据上述原则，《走近中国少数民族丛书》的编写有以下三个特点：第一，采用图文并茂的形式、鲜活生动的语言、特色浓郁的图片以及丰富的民族常识链接，向读者展示我国55个少数民族的历史渊源、民族变迁、社会生活、文化艺术、风俗习惯、历史人物和民族区域自治政策的伟大实践。第二，作者多为本民族专家学者和与民族研究工作相关的专家学者，对自己撰述的对象既有深厚知识积累，也有真挚情感。第三，内容彰显了历史与现实、民族文化与地域文化、民族区域自治地方与散杂居地区少数民族生产生活的多彩画卷和轨迹，引导读者走近少数民族，聆听他们的古老传说，感受他们的发展变化，加深彼此的沟通和了解。这套《走近中国少数民族丛书》是面向民族干部和各级干部通览我国少数民族概况的普及读本，也是图书馆必备藏书。

《走近中国少数民族丛书》所揭示的每一个民族的历史，都承载着这个民族的文化，也承载着这个民族的发展和未来。中华大地孕育的55个少数民族多彩斑斓的民族文化，同汉族文化一道从远古走到今天，汇入了中华文化壮阔的历史长河。“共同团结奋斗，共同繁荣发展”，保护、传承和弘扬少数民族优秀文化，不仅是推动我国民族团结进步事业的重要内容，也是构建和谐社会、实现中华民族伟大复兴的中国梦的重要使命。期待通过《走近中国少数民族丛书》，使广大读者徜徉于少数民族多彩风情的同时，更加深刻地了解和认知中华民族多元一体的文化内涵，感受中华民族悠悠历史的深远与厚重。

丹珠昂奔

2014年6月26日

前言

彝族 一个勤劳、勇敢、智慧的民族

彝族主要分布在中国云南、四川、贵州、广西四省区以及越南、缅甸、泰国境内。彝族是我国西南地区人口最多的少数民族，2010年全国人口普查为8 714 393人，排在少数民族人口数的第六位。我国最早记载彝族先民情况的，首推汉朝的司马相如和司马迁。司马相如曾奉使至邛都地区（今凉山一带），司马迁也曾“奉使西征巴、蜀以南，南略邛、笮、昆明……”（《史记·太史公自序》）历代的地方志中记载彝族社会情况较多的有晋朝常璩的《华阳国志》和唐朝樊绰的《云南志》（亦名《蛮书》）。这两本书对研究当时彝族社会、政治、经济、文化等都有重要的参考价值。元明清时期记述彝族较多的主要有元朝李京的《云南志略》、明朝谭希思的《土夷考》、明朝倪辂的《南诏野史》、明朝杨慎的《滇载记》、明朝田汝成的《炎徼纪闻》、清朝毛奇龄的《蛮司合志》、清朝何东铭的《邛嶲野录》等。民国时期，不少学术团队和学者进入到滇川黔彝族地区进行田野调查，撰写了一系列的学术著作和论文。据不完全统计，1911年到1949年，关于彝族研究的专著有五十多种，论文一百多篇。19世纪中期，一批以法国和英国为首的西方人以“旅行”和“探险”为名进入彝族地区，撰写并发表了一些著述。

新中国成立后，党和国家组织了民族识别和民族社会历史形态等调查。据当时的调查，仅云南彝族的自称有37种，他称44种。此外还有不少侮辱性的称谓。在调查研究的基础上，通过民族内部协商，将彝族各个支系统称为彝族。根据国家实行的民族区域自治制度，相继在彝族地区成立了四川凉山彝族自治州（1952年）、云南红河哈尼族彝族自治州（1957年）、云南楚雄彝族自治州（1958年）、云南峨山彝族自治县（1951年）、云南宁浪彝族自治县（1956年）、云南路南（石林）彝族自治县（1956年）、云南南涧彝族自治县（1965年）、云南漾濞彝族自治县（1985年）、云南景东彝族自治县（1985年）、四川峨边彝族自治县（1984年）、四川马边彝族自治县（1984年）、云南江城哈尼族彝族自治县（1954年）、云南巍山彝族回族自治县（1956年）、云南寻甸回族彝族自治县（1979年）、云南元江哈尼族彝族傣族自治县（1980年）、云南新平彝族傣族自治县（1980年）、云南禄劝彝族苗族自治县（1985年）、云南景谷傣族彝族自治县（1985年）、云南镇沅彝族哈尼族拉祜族自治县（1990年）、贵州威宁彝族回族苗族自治县（1954年）、广西隆林各族自治县（1953年）。

川滇大、小凉山彝族聚居区存在的社会制度，20世纪50年代被界定为奴隶社会，被世界广泛认知。云南大部、贵州部分以及广西的全部彝族地区，新中国成立以前，以土地私有为基础的封建地主经济早已占了绝对的统治地位，实物地租是地主对佃农最主要的剥削方式。各地彝族普遍实行民族内婚、等级内婚、家支外婚、姑舅表优先婚和姨表不婚的婚姻习俗。盛行父系小家庭制，有父子连名的谱系传统。彝族历史上多行火葬，云南贵州的彝族自明清以后逐步改为土葬。彝族有自己独特的饮食文化、服饰文化和民居文化。火把节和彝历年是彝族两个特别重要的节日。彝族人深信“万物有灵”，他们把自然界的一切人格化、神圣化，对自然宇宙怀有虔诚的敬畏之心，并在此基础上产生了他们最初的艺术形式。社会生活中的宗教祭祀礼仪和仪式成了人们遵守和履行的义务。毕摩和苏尼等神职人员是抚慰人们生理和心理伤痛的智者。彝族人普遍认为，必要的宗教仪式是趋吉避凶和祈福避祸的主要手段，为了自己人生的美满，不同的时节都要延请毕摩做不同的仪式为自己祈福。苏尼更多的是为人们跳神驱鬼治病。彝族的很多音乐与舞蹈都和宗教祭祀有关，彝族审美文化最重要的特点就在于她的宗教性。彝族拥有丰富多彩的民族民间文学，神话、传说、寓言、史诗、歌谣一应俱全。彝族古代作家的文学作品大都以诗的语言写成，韵文类作品偏多。现当代彝族作家创作的作品基本涵盖了所有的文学门类，涌现了一批比较有影响的诗人和作家。

彝族地区地形和气候条件十分复杂。既有海拔3 000米以上的高寒山区，如滇东、黔西乌蒙山两麓和四川大小凉山的部分地区，气候寒冷，宜于放牧和兼营高山农业；也有海拔1 000米~2 500米的山区和半山区，如哀牢山、无量山一带，是亚热带季风气候区；还有海拔1 000米以下的丘陵和河谷地区，如金沙江、元江谷地等，气候炎热，干旱少雨。彝族地区农业、牧业、林业各具特色。由于各地自然条件的差异，农产品的种类十分丰富。

彝族生活地区物华天宝，有很多国家级和省级的风景名胜区。凉山彝族自治州境内水能资源非常丰富，在全省乃至全国水能资源总量中占有相当大的比例。红河哈尼族彝族自治州大小河流众多，全州境内集水面积在50平方千米以上的河流有180条，其中珠江流域有65条，红河流域有115条。凉山彝族自治州地处攀西裂谷成矿带，是我国乃至世界罕见的“聚宝盆”。现已探明矿种84种，有相当储量的达60种，其中特大型、大型矿床30处，中型矿床63处。钒钛磁铁矿保有储量居全省第二位，轻稀土储量居全省第一位，被誉为“中国乌拉尔”。楚雄彝族自治州已探明且储量较大的有铁矿石2.7亿吨、煤10亿吨、盐11亿吨。红河哈尼族彝族自治州的锡、锰及伴生金属铟、铋、银在全省和全国占有重要地位。

21世纪的今天，彝族地区各级政府正在围绕党和国家的路线、方针政策，因地制宜地发展自己的经济和文化。特别是党的十八届四中全会提出了依法治国方针以后，彝族地区也和全国各地一样即将步入一个新的时代，彝族文化的传承和发展也会呈现出新的态势。

目录

第一章
彝族历史源远流长

彝族起源问题学界众说纷纭，由江应梁和方国瑜等提出的彝族源于古代氐羌的“氐羌说”在学界影响比较大。今天滇川黔桂四省区的彝族都认可“阿普笃姆”是他们共同的始祖，彝文文献中记载的六祖分支拉开了彝族历史的序幕，同父异母的六兄弟沿着各自的迁徙路线形成了彝族今天的地域分布格局。从先秦、两汉到三国、魏晋、隋唐再到宋、元、明、清，各种汉文史籍对彝族都有详略不一的记载。彝文文献中也有对于自己民族历史的叙述，综合利用汉文史籍和彝文典籍对彝族历史进行进一步的研究和探讨是必需的路径。

彝族起源问题一直是中外学者争论不休的问题，也是彝学研究的一大难题。综合各种观点，由江应梁和方国瑜提出的氐羌说被学术界广泛认可，影响也比较大。彝族的发展历程，彝文文献记载的六祖分支是一个重要的历史节点，从先秦、两汉到三国、魏晋、隋唐再到宋、元、明、清，各种汉文史籍和彝文典籍都有详略不一的记载。其中唐朝的南诏政权是彝族史的一个重要环节，元、明、清三朝相继在彝族地区实行的土司制度，进而改土归流，明初的奢香夫人为明朝统一西南做出了重要贡献。民国时期的龙云统治集团对云南的建设和开发成绩斐然。1935年的彝海结盟是红军长征史上的重要历史时刻，更是一段民族平等团结的佳话。

彝族源流

彝族是古氐羌人南下在长期发展过程中与西南土著部落不断融合而形成的民族。在古氐羌人与西南土著部落融合为僰的基础上，昆明人与僰（濮）的融合是形成彝族过程中一个新的发展。魏晋以后，昆明人与僰（濮）的融合发展为对僚人的融合。汉至六朝，汉文史籍把云南东部、贵州西部和四川南部的居民称为叟，有时则以叟、濮并列。隋唐以后，这些地区的居民有乌蛮和白蛮的区分，乌蛮由昆明部落发展而来，白蛮则以叟和濮为主体，并融合了其他部族。元、明时期的“罗罗”即彝族，这是中外学者较一致的看法。可以肯定的是“罗罗”的成分非常复杂，它融合了古代不同族源、族系的许多族群。他们都有出自阿普笃慕的传说。对于彝族的渊源，历史学界众说纷纭，形成了不同的观点。马长寿认为彝族源于古代的僚人，吕思勉认为彝族源于古代的濮人；庄学本认为彝族源于泐人；林惠祥认为彝族源于古代的卢戎；陈士林认为彝族的起源与古楚国有关，马曜认为是楚将庄蹻进军西南时迁来的；方国瑜认为“彝族渊源出自古羌人”；英国人戴维斯（H.R.Davies）和法国人勒让德尔（A.F.Legendre）认为彝族来源于雅利安人；越南人陶维英认为“夷（彝）与越同族”，“现今的彝族人肯定是古夷越人的后裔”；蒙默认为彝族来源于西藏；刘尧汉认为彝族就是云贵高原的土著。

彝族六祖分支

彝族文献《爨文丛刻·古史通鉴》《笃慕源流》《六祖魂光辉》《西南彝志》《六祖史诗》等记载了六祖分支的历史。

从人类始祖希慕遮到笃慕的谱系以父子联名的方式是这样记载的：希慕遮—遮道古—古珠诗—诗雅立—立雅密—密喳拐—喳拐作—作雅且—且雅宗—宗雅贤—贤雅己—己迫勒—迫勒道—道慕尼—慕尼赤—赤雅索—索雅德—德喜所—喜所朵—朵必额—必额堵—堵洗显—洗显陀—陀阿大—大阿武—阿武补—补珠娄—娄珠武—武洛撮—撮珠笃—笃慕。到笃慕时因为洪水泛滥，人类遭受灭顶之灾，只剩笃慕因得仙人指点得以幸免，漂流到洛宜山。后来笃慕养育了同父异母的6个儿子，即武（慕雅切）、乍（慕雅考）、糯（慕雅热）、恒（慕雅卧）、布（慕克克）、默（慕齐齐）。这就是彝族历史上的六祖。

知识链接 **笃慕** 全称阿普笃慕，阿普是彝语祖父的音译。他是滇川黔桂四省区彝族公认的祖先，彝族各地的洪水神话都有他的影子，他是洪水之后的民族再生始祖。作为彝族历史上真实存在的一个重要人物，彝文文献《物始纪略》和《彝族源流》译作笃米；《彝族创世志》译作笃弭；《爨文丛刻》和《宇宙人文论》译作笃慕；《西南彝志》译作笃慕俄；《勒俄特依》译作居木；云南的一些彝文古籍译作笃姆、多莫、都木、玉普独木。贵州《大定县志》记载为祝明，《元史·地理志》记为仲牟由。学术界对笃慕有不同的解读，易谋远疑笃慕即蜀帝杜宇。

今天云南、四川和贵州的彝族地区都广泛流传着洪水泛滥的故事，情节基本相似。由于生产的发展导致利益的冲突，六祖后裔相继从洛宜山迁出。老大、老二即武、乍二部逐步迁徙到今天的滇南、滇中和滇西一带。老三糯部经昭通过金沙江进入巴布凉山，发展成“曲涅”。老四恒部在向滇东北的迁徙过程中，征服了大量的“濮人”，后来发展成为云、贵、川的“乌蒙部”“扯勒部”和“古候部”。老五布部到“德布部”时，已经非常强大，所向披靡，其后裔就是后来的乌萨土司。老六默部到“德施部”时，达到了鼎盛，其后裔就是后来彝族著名的四大土司：东川阿于歹土司、镇雄芒部土司、贵州水西土司和贵州普安土司。彝族历史上的重大事件“六祖分支”由此定格。

随着历史的脚步，彝族在开发建设自己家园的过程中，在与自己不同的“他者”比较和对抗过程中，就自己的身份归属做了一系列的划分，在物质和精神层面上都取得了一些成就。今天滇、川、黔、桂四省区的彝族都尊称自己的共同始祖笃慕为阿普笃慕。

南诏与西南边疆稳固

在汉武帝派遣张骞出使西域前，中央王朝对西南地区的管理一直都很松散。据说，张骞回来后告诉汉武帝，在今天的阿富汗，他看到了一些从中国内地运出去的商品，而这些东西是通过印度运过去的。所以他对汉武帝说有这样一条路，是从云南一直通到印度的，这就是所谓的“南方丝绸之路”。汉武帝曾经想打通这条路，派了很多使者，但到昆明附近就过不去了，因为在昆明一带被彝人武装拦住了。所以在那个时候，中央政权对云南的控制还是很松散的。东汉时期，随着哀牢的内属，永昌郡的设置，思茅、保山等地全部纳入了中央王朝的版图，中国西南疆域的发展进入第一个高峰时期。

云杉

在魏晋南北朝全国大分裂的背景下，东晋咸康八年(342)，永昌郡被废，中央政府失去了对永昌郡西北部、西部和南部边疆的控制。刘宋时期，爨氏以“开门诸侯，闭门天子”的身份割据了今贵州黄平县以西到云南保山以东的地区。其南部和西部边疆的原永昌郡地区则恢复了古代的独立。隋朝尽管打击了爨氏统治集团的势力，最终还是放弃了对滇东北的控制。

唐朝初期，通过戎州、姚州等都督府的设置，西南地区大部分又回到了祖国统一的版图之中，但澜沧江以西及滇西南大部分地区仍然为唐朝势力所不及。在这种历史背景下，以彝族为主的南诏政权的崛起，让众多封闭的地理单元和分散的民族群体统一于南诏之中，既为西南疆域整体纳入元朝的版图创造了条件，又为中国西南边疆的稳定和发展奠定了基础。

唐高宗时，细奴逻曾数次遣使朝贡，高宗永徽六年（655），唐高宗封赐细奴逻为巍州刺史，并赐锦袍。吐蕃势力的南下，为南诏走出巍山，登上历史舞台创造了契机。670年，大非川唐蕃之战后，唐朝失去了西部屏障，吐蕃获得了北向西域，东向黄河中上游地区，东南向川康滇边区拓展所必需的出口及回旋空间。唐玄宗时，吐蕃的势力已经很强大，跟唐朝交战多次。吐蕃的军队攻下兰州后，一直朝西安方向前进，中央政权非常着急。唐玄宗获知吐蕃有个计划，即占领云南，再通过云南向东进攻唐朝。知道这个计划后，唐玄宗就打算在云南扶持一个忠于中央王朝的部落，于是就选中了以彝族为主的南诏，想依靠南诏来阻挡吐蕃的进攻。

在唐朝的扶持下，南诏逐步强大起来。开元二十六年（738）唐朝封皮逻阁为“云南王”。南诏从此很好地抵御了吐蕃势力南下，进而东并爨区（通海都督府的辖境包括今天通海往南至越南莱州省北部，往东包括了今天的红河哈尼族彝族自治州和文山壮族苗族自治州）；北取嶲州（建昌府辖区包括今天大渡河以南的凉山州及周边地区）；西开寻传（永昌节度辖区包括今天的保山地区、临沧地区、普洱市、德宏州大部、怒江州西部和缅甸克钦邦北部地区）；南拓“茫蛮”（银生节度和开南节度的辖区包括今天的西双版纳州和景谷、镇远等地）。关于南诏疆界，《南诏德化碑》和胡蔚本《南诏野史》均有记载，《新唐书·地理志》称其疆界“东距爨，东南属交趾，西摩伽陀，西北与吐蕃接，南女王，西南骠，北抵益州，东北际黔巫”。南诏王室蒙氏家族属

南诏德化碑 ▶

"乌蛮"，也即今天彝族的先民。《蛮书·六诏第三》指出："六诏并乌蛮，又称八诏"，说明包括南诏在内的六诏都是乌蛮。南诏政权存在了253年（649—902），一共经历了父子联名的十三代王，即细奴逻—逻盛—盛逻皮—皮逻阁—阁逻凤—异牟寻—寻阁劝—劝龙晟—劝利晟—晟丰佑—佑世隆—隆舜—舜化贞。

历史上，云南地区的部落很多，各有武装，互相争战，唐朝也曾两次派兵攻打过南诏，但都以失败告终。一次是天宝十年（751），唐朝派剑南节度使鲜于仲通率兵8万攻打南诏，两军交战于西洱河，南诏击毙唐军6万人，将军王天运战死，鲜于仲通得以逃脱。另一次是天宝十三年（754），唐朝又派原云南军都督兼侍御史剑南留后李宓和节度使何履先率军20万再次攻打南诏，阁逻凤派儿子凤伽异和大将军段俭魏指挥南诏军队再次在西洱河大败唐军，唐军全军覆没，李宓沉江而死，何履先逃脱。此后一段时期南诏与吐蕃交好，依附吐蕃，共拒唐朝。

▲

南诏德化碑碑文（部分）

南诏统治云南时期，总的来说长期与唐朝保持着臣属关系。在南诏十三代王中，有十代王接受了唐王朝的委任和册封，曾两度和唐王朝议婚。南诏统一各部武装以后，这里几百年间几乎没有发生战争，人民过上了比较安定的生活。按照当时唐朝记载的情况看，南诏统治后期，云南地区的农业、手工业发展水平跟内地基本持平，经济有了很大的发展。

南诏王室目光远大，胸怀也宽广。他们当政时期没有狭隘的民族观念，不管哪个民族的人，只要能干，都会被选用为官，无论汉族、白族还是其他民族，在南诏政权里担任高官的有很多。《南诏德化碑》碑阴所载官吏题名，可见姓和名者64

人，其中有段、杨、尹、赵等姓者37人，占总数过半。其他如傣族贵族召龙细利，汉族俘虏郑回，都是南诏王室的座上客。南诏政权在处理民族关系时，能够把该地区的各民族很好地团结起来。

文化上，南诏政权也取得了不少成绩。比如建筑方面，从南诏时期一直保留下来的大理三塔、崇圣寺都是优秀的宗教建筑，建筑风格与同时期的西安小雁塔相似。据说当时为了迎接国内外的宾客，南诏还在大理洱海附近建了一座五华楼，“以会西南夷十六国君主，楼方广五里，高百尺，上可容万人”。有现在的16层楼房高。绘画方面，现在保留下来的《南诏图传》非常了不起。文学艺术方面，《南诏德化碑》可以说是其代表作。立于公元766年的《南诏德化碑》，被史学界誉为云南第一碑。李元阳《万历云南通志》首录原文。碑文歌赋兼为，骈散交替，五色生辉，藻饰富丽。

知识链接 **南诏德化碑** 南诏德化碑现存云南省大理市境内，沿滇藏公路至七里桥乡太和村，往西约200米的南诏德化碑公园内，1961年3月4日，被国务院公布为第一批全国重点文物保护单位。

南诏德化碑系青石刻碑，高4米，宽2.4米，厚0.6米。碑立于公元766年（赞普钟十五年即唐大历元年），是南诏王阁逻凤被迫叛唐投吐蕃以后，为说明“阻绝皇化之由，受制西戎之意”不得已叛唐而立的。

石碑阳刻正文3 800余字，今仅存220字。着重叙述了南诏和唐朝原来的密切联系及双方交恶的经过，双方3次兵戎相见，最后南诏归吐蕃的过程。石碑阴刻41行，3 000余字，现仅存556字。内容为南诏重要职官题名。现存碑文内容资料为明代云南著名文学家和理学家李元阳在《万历云南通志》中首录。

南诏德化碑为研究南诏的形成、社会制度、云南各民族的关系、南诏与唐王朝和吐蕃的关系，以及研究南诏初期统治阶层的结构、职官制度等提供了极其重要的文献资料。

南诏在国家统一、社会安定、经济发展、社会进步、民族团结、文化繁荣等很多方面取得了很多成就，

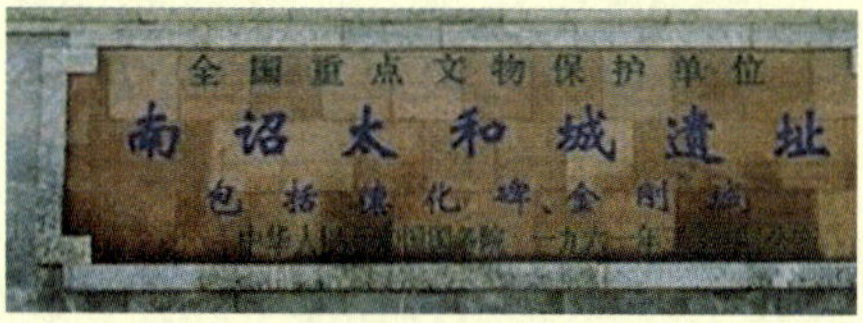

南诏太和城遗址匾额

给后代留下了许多宝贵的东西，这是我们中华民族共同的财富，也是彝族的智慧和才能充分展现的结果。

彝族土司政权

元朝在总结历代王朝对边疆民族地区施政，特别是唐宋以来推行羁縻府、州、县经验的基础上，在西南地区创立了“蒙夷参治之法，而官有流土之分，于是始有土司之名”。在中上级地方政权实行“参用土人”，在基层地方政权实行“皆设土官”的政策。在边疆少数民族地区设置军民总管府、土府、土州、土县、宣慰、宣抚、安抚、长官诸司等行政机构，对于受职的土官、土司都授予诰敕、印章、虎符、驿传玺书与金（银）字圆符等信物。土官和土司的受职、承袭都由朝廷允准，对土官和土司也有相应的奖惩规制。土官和土司作为朝廷的命官，必须向朝廷朝贡和纳赋。元朝先后在彝族地区设立了罗罗斯宣慰司、乌撒宣慰司、乌蒙宣慰司、顺元路宣慰司等土司政权。明朝继续推行土司制度，以招抚为主，战争征服为辅，获得了少数民族上层的拥护。

牧

明朝土官和土司给朝廷的纳赋超过了以前的任何朝代，土官和土司的土兵为边疆的统一、维护社会生活秩序甚至抗击外来势力的侵犯都起到了有效的作用。自明洪武十四年（1381）朱元璋派兵打败梁王及其云南各种反抗势力后，他在给傅有德等的敕谕中这样写道：

朕观自古云南诸夷叛服不常……蜀汉时，诸葛亮讨平其地，收其豪杰，出其金、银、马、牛以给军用，终亮之时，夷不复返。元世祖亲下云南，令亲王镇守之，终元百年间，前后七叛。将军观此，可熟查其情，祥慎处置，今之计非惟制其不叛，重在使其无叛耳。

于是对彝族聚居区采取了分而治之的政策，将原属云南行省的罗罗斯宣慰司改为建昌府，隶四川省；改乌撒、乌蒙宣慰司为乌蒙、乌撒、东川、镇雄四府，亦隶四川省；改亦溪不薛宣慰司为贵州宣慰司及普安、普定州、隶贵州省，其余仍属云南省。明朝开始的军屯民屯制度，使得大量的内地汉族移民进入滇川黔彝族地区，他们带来了先进的生产技术、耕作方式，为当地的社会发展和进步做出了贡献。

因为彝族奉行等级内婚的婚姻习俗，彝族各土司、土目之间保持着严格的等级婚姻关系，他们的联姻对象遍布云贵川三省，各土司、土目之间形成了强大的网络状姻亲集团，在对抗朝廷和维护内部稳定的时候，他们可以形成合力共同对付。

清朝开始在明代土司制度的基础上做了些改革，也新设了些土司，继续沿用土司制度治理边疆少数民族地区。清朝雍正时期，云贵总督鄂尔泰在西南地区进行大规模的“改土归流”，残杀了大批的彝族人民，真正改变了西南地区“汉少夷多”的局面。彝区改土归流中，把彝区的一些地名都进行了更改，将乌蒙改成昭通，清徐成贞《昭通书院碑记》中有记载：“公既请皇上，赐名昭通，举前之乌暗而易昭明，前之蒙蔽而易宣通。”芒部改为镇雄，取“镇守雄关”之意。米贴改为永善，意为“弃恶从善，永为良民”。乌撒改为威宁，取威镇安宁之义。改水西为大定，意为已平定安坤之乱。改永北为永胜，改益良为彝良，罗雄为罗平。

民国时期，在边疆民族地区和土司管辖区，普遍推行了“设治局”，一种拟设新县的过渡形式。由于改土归流的不彻底，在领主制占主导地位的黔西北、滇东北和武定、禄劝地区，保留下来的土司、土目比较多，他们凭借政治特权，兼并土地，以收取地租等方式发家致富。到民国时期，仍有相当的实力。大小凉山

彝族武士的铠甲

的土司、土目的势力已经变得非常薄弱，往往要依靠黑彝统治者才能生存发展。

在中央王朝的授权下，这些大小不一的土司政权分片管理着滇川黔广大的彝族地区。元、明、清王朝实行土司制度的六百多年，除了有过几次局部短时间的动乱外，社会秩序基本稳定，培养了一批忠顺王朝的少数民族上层人士，也使少数民族地区的文化教育逐渐兴起并发展。

彝族土司印章

知识链接

兹莫 彝族古代社会按照职业和身份，把人分成兹、莫、毕、格、卓五个阶层。兹彝语意为权势，即有权势的人，莫是调解纠纷的君子，毕是主持宗教仪式的祭司，格是会各种手艺的工匠，卓即平头百姓。莫的社会角色决定他必须表现出重义轻利的君子风范，必须主持实现公平正义。他的产生不能靠世袭，只能靠个体的身心修养和身体力行来实现。莫这个阶层后来就逐步融入兹和毕两个阶层，变成兹莫和毕摩。兹莫就成为彝族等级序列中的最高等级，元朝开始在彝族地区实行以夷制夷的土司制度，任命各地的兹莫分片管理彝务。所有的土司都是兹莫，但兹莫不一定都是土司。

昭通书院 位于云南昭通。又名昭阳书院，清雍正八年(1730)建于城东南八仙海畔。总兵徐成贞撰有记。乾隆四十九年(1784)知府孙思庭移建于学宫东，改名“凤池”。嘉庆二十年(1815)知府张润、教授李上桃重修，官绅捐增束修膏火。光绪二十六年(1900)乡绅谢崇基等重修，并建藏书楼。后改为省立学校。

凉山大地

奢香夫人与中国西南边疆的巩固和统一

奢香，是14世纪贵州西北部彝族“默部”第六十六世霭翠的妻子。霭翠是元末明初贵州彝族各部落中权势较大的一个土司。早在元朝末年，霭翠就被封为顺元宣抚使、八番顺元沿边宣慰使。朱元璋于1368年在金陵（南京）建立明朝中央政权后，霭翠便于洪武四年（1371）“与宋蒙古歹，普定女总管适尔等先后归附”明朝。朱元璋“皆予以原官世袭”，“赋税听其输纳”。洪武六年（1373），明朝政府鉴于霭翠在西南的重要地位，决定升贵州宣抚司为宣慰司，以霭翠为宣慰司使，管辖贵阳以西，以今大方为中心的四十八部地区。洪武二十四年（1391），贵州宣慰使霭翠去世，奢香代夫领职。

明太祖朱元璋在明朝大局已定后，决心用兵西南，实现全国的统一大业，确定了“先安贵州，后取云南”的战略方针，而要稳定贵州，首先就要政治安抚，争取贵州当时的宣慰司霭翠和奢香夫妇等土官的支持，以便解除明王朝的后顾之忧。洪武初年，奢香曾“相共夫输忠率土归附，贡马万匹”（《贵州通志·土司志·二》）于明廷。当时，元蒙残余势力勾结乌撒（今威宁）、乌蒙、东川、芒部（今镇雄）等彝族土著势力在黔西北境内屯兵，力图阻止明军进滇，并多次发动叛乱。明朝派傅友德出兵乌撒，“大败其众，斩首三万余级，获马牛羊万计”。奢香审时度势，坚持不卷入割据西南、分裂国家统一的旋涡，而积极献粮通道，支持明军，并劝说乌撒、芒部土官认清形势，归附明廷。

奢香夫人雕像

1381年，即洪武十

四年，经过十多年休养生息，明王朝政权得到巩固和稳定，经济实力恢复，人力充沛，物力充裕，用兵征伐云南的条件成熟。九月，朱元璋任命颍川侯傅友德为征南统帅，永昌侯蓝玉、西平侯沐英为副将军，统率30万明王朝大军征讨平定云南，实现全国统一。霭翠和奢香备马万匹，毡万领，牛羊各一万，以助军资，对稳定贵州局势，协助明王朝平定云南起到了重要作用。

云南平定后，版图统一，但乌撒、乌蒙、东川等地区又先后发生叛乱，招致明王朝军队的残酷镇压，严重破坏了各族人民的和平生活，只有水西地区仍然维持着统一和安定的局面，没有卷入到叛乱和战争的旋涡中去，成为芒部、乌撒等地人民的“至夜举火挈家”前来投奔的避难环境。特别难能可贵的是贵州都指挥使马烨“欲尽灭诸罗，以代流官，故以事挞香，激为兵端”，水西四十八部首领“集香午门”，纷纷表示“愿尽死力助香反”，在此关键时刻，奢香能够顾全大局，洞悉奸谋，明确表态“反非吾愿”，和水东土司刘淑珍一起赴京上诉，向明太祖朱元璋控诉了马烨的罪行，最终马烨受到了处理，和平解决了事端，让马烨妄图挑拨激化水西地区与中央王朝矛盾的梦想化为泡影，从而加强了水西和水东与明王朝的亲善关系。我们通过她的这首记载在《大定县志》中的《回水西纪事》诗，可以看到她当时含羞忍愤、为民请命时的心情：

奢香夫人生前官邸——贵州宣慰府

羞藏心底见明君，闷坐雕鞍万里行。

逾墙幸览三州美，遍地芳华聚金陵。

陛见陈情感罪意，殊斥马督负皇恩。

义过千兵将军倒，九驿连通天下情。

奢香为维护水西地区的统一和贵州西南边陲的稳定，也为维护封建国家的统一，在客观上起到了积极的进步作用，为贵州的建省创造了条件。

奢香重视发展水西的交通，《明史》载，奢香“率诸罗开赤水、乌撒诸道，以通乌蒙”。又说“立龙场九驿通蜀”。她所开辟的农场九驿，虽只是一条省内的驿道，但它的意义却非常重要，她不仅把驿道修进了水西地区，促进水西的开发，而且沟通了川、滇、黔驿道，加强了水西、水东之间及与境外的联系，把三省分管的地域连接起来，起到了沟通滇、川、湖、桂的作用，贵州的战略地位也因此突出起来，在加强对西南地区统治的形势下，贵州建省就成为历史的必然。

奢香重视儒学，重视汉语和汉文的学习。洪武十三年五月，她派儿子阿期陇弟（后赐姓安，名安的）到京城，求入太学学习。朱元璋谕国子监官“善为训教，俾有成就，庶不负远人慕学之心”。奢香本人就是一个学习先进汉文化的典范，她能够作汉文诗歌，还任用汉族知识分子任慕魁（相当于太师）办理奏章文书；聘用汉儒作为教师在水西办学。现在大方县境内仍有彭、韩、侯、曾、李等姓人氏的先祖都曾在水西政权中任慕魁或在学校中任教。

奢香去世后，葬于贵州毕节市大方县云龙山麓。《明史》《明史记事本末》《贵州通志》等正史和《黔记》《炎徼纪闻》等野史以及《西南彝志》等彝文史籍都记述了她的历史功绩。清朝道光

知识链接 **奢香博物馆** 在大方县城北0.5公里处奢香陵园内的东南角，坐东向西，占地1 600平方米。1993年5月1日奠基并动工兴建，历时11个月，于1994年4月16日竣工落成，是西南地区第一个以少数民族历史人物为名的博物馆。该馆是一座具有彝族传统建筑艺术特色，形式别具一格的仿古建筑。整个布局，结构紧凑，楼台重叠，仿佛壁立，嵯峨雄浑，气象奇伟。

奢香夫人陵园

十三年（1833）经批准立碑石于墓前。近世教育家黄齐生曾以“五族共和、缔造中华”为寓意创作了话剧《奢香》。中华人民共和国成立后，党和国家于1960年和1985年两次拨款修葺奢香墓。1988年又将奢香墓列为国家重点文物保护单位。1994年重修了奢香墓并建成了奢香博物馆。1996年，在奢香故里举行了盛大的“奢香夫人逝世600周年纪念活动”。2011年奢香夫人被拍成电视剧，在中央电视台一频道黄金时段播出，获得了很高的收视率，受到社会各界的广泛好评。

民国云南龙云等彝族统治集团对云南的建设发展和边疆稳固所做的贡献

1912—1949年的这段时期，僻处边疆的云南在全国扮演了十分重要的角色，“对当时中国文化的发展进程有多方面的影响”，“成为近代中国社会大变革年代中的一个活跃热点地区”。就是这样一个影响深远的时代，云南却分别处在唐继尧（1913—1927

云雾缭绕

年）和龙云（1927—1949年）两个军阀集团的统治之下。其中龙云集团统治时间较长，云南地方政权相对独立于国民党中央政府，处于半独立状态。与之相适应，云南政坛上出现了一个以龙云、卢汉为核心的彝族统治集团，称为“龙、卢、安、陇四大家族”或“龙、卢、安、陇、陆、禄六大家族”，维护了龙云集团长达23年之久的统治。在这23年中，云南社会秩序相对稳定，政治、经济、文化有所发展，各民族间的联系得到加强，祖国的西南边疆得到巩固，成为国民党统治区内一个引人注目的省区。从这个角度上说，民国云南彝族统治集团在云南近代史上有着特别重要的地位。以龙云为首的云南彝族统治集团，在云南近代社会转型中产生了重大影响，通过兴办近代工商企业、推广会计制度、改良风俗、开展街容建设及卫生运动、制定各种民事和刑事法案、举办自治、发展教育，推动了云南由传统社会向近代社会的过渡。

抗日战争爆发后，蒋介石国民政府西迁，大批沿海和内地工商企业迁入云南，带来了各种新设备，随之而来的各种技术人才带来了各种新技术，云南经济由此进入一个迅猛发展的时期。为支持抗日战争，发展战时经济做出了特殊贡献。以龙云、卢汉为核心的云南彝族统治集团在中国共产党抗日民族统一战线政策的感召下，1937年8月底组建了以卢汉为军长的出滇抗日第六十军，1937年9月9日在昆明巫家坝举行誓师大会，各族各界人士载歌载舞献旗欢送，10月初，部队向贵阳出发，途经长沙，驻守武汉。一八四师师长张冲在武汉秘密会见了武汉八路军办事处的罗炳辉和叶剑英同志，要求共产党派人到滇军中工作，中国共产党在一八四师建立了党支部。1938年4月，六十军奉命开赴徐州参加了著名的台儿庄战役。1938年4月22日开始，六十军与日军板垣、矶谷混合师展开激战，滇军英勇杀敌，禹王山与日军坚持了20多天的阵地战，遇到滇军猛烈冲锋。台儿庄战役后，滇军伤亡过半，龙云又主持编成陆军第五十八军和新三军开赴抗日前线，与六十军合编为第三十军团，卢汉任军团司令，安恩溥升任六十军军长，张冲升任新三军军长。他们先后参加了武汉会战、南昌保卫战、长沙保卫战，打出了军威和国威。云南前后出动了3个军共22万人参加抗日。朱德同志1938年给龙云的信中肯定

▲

四川金阳则祖乡龙云父亲墓碑

说："滇省输送二十万军队于前线，输助物资，贡献于国家民族者尤多。"1942年5月，日寇从缅甸侵入我滇西边境，以龙云为首的云南地方政府，号召云南人民抗击日本侵略者，支持远征军的军事行动；组织征调民工破路、修路，随军运送粮草及武器弹药；组织远征军各部队、各军政机关及驻滇盟军的粮食供应；配合远征军部队将日寇阻挡在怒江以西的狭长地带。1944年5月，滇西军民发动反攻，经过浴血奋战，取得了滇西抗战的伟大胜利，保障了全国抗日大后方的安全，巩固了祖国的西南边疆。

1949年11月初，中国人民解放军向大西南进军。1949年12月9日夜间10时，卢汉将军在昆明通电全国，举行起义，宣布云南和平解放。

1957年，龙云被打成"右派"，受到批判。1980年6月，中共中央为龙云恢复了名誉。1984年11月19日，在龙云诞辰一百周年纪念座谈会上，中共中央政治局委员、中央书记处书记习仲勋做了重要讲话。他说："龙云先生是一位著名的民主人士和爱国将领，是中国国民党革命委员会的领导人，他同中国共产党有多年合作的历史，是我们党的一位真诚朋友，他对人民的事业有过重要的贡献。""他的一生是一个光荣的爱国者的一生。"对龙云给予了高度评价。

四川金阳则祖乡龙云父亲墓

“彝海结盟”对于红军北上抗日的贡献

1935年5月2日，中国工农红军从皎平渡口渡过金沙江进入四川凉山境内后，在会理举行了著名的“会理会议”，这次会议进一步确立了毛泽东在党内和军队的领导地位，更加统一了红军的战略思想。5月20日，中央军委在礼州发出了朱德总司令“关于过彝区、大渡河的命令”，要求刘伯承、聂荣臻率先遣部队过泸沽经登相营、越西“迅速北进，取得大渡河渡河点，以便早日渡河消灭敌人”。红军当时有两条道路可走，一条是当时的大路。从泸沽东面翻越小相岭，经越西县城到大树堡，由此渡过大渡河，便可直逼雅安，威胁敌人在四川的心脏——成都。另一条是小路，而且是崎岖难走的羊肠山路。从泸沽北面到冕宁县城，然后通过拖乌彝族聚居区到达大渡河边的安顺场。刘伯承、聂荣臻率队到达泸沽后，汇总了各种信息情报并听取了冕宁地下党的汇报后，在给中央军委的《侦察报告》中建议改走冕宁、拖乌小路至安顺场过河。中央军委研究后，又发出朱德总司令的电令：“改经冕宁、大桥、拖乌、筲箕湾、岔罗向纳耳坝、安顺场渡口北进。”于是，左权、刘亚楼的先头红五团改作佯攻部队向越西进发。在占领大树堡后，积极砍树扎筏，做出强渡大渡河、攻占富林的态势，并且扬言要攻占成都，以迷惑和牵制敌人。红军主力一、三、五军团和中央军委纵队则在极其隐蔽的情况下一路北上来到了冕宁县城。由于国民党反动派奉行大汉族主义，极力压迫彝族同胞，形成了严重的民族隔阂，产生了尖锐的民族矛盾。当时，彝族地区每一个家支，都被迫摊派名额（人质）到冕宁县城监狱坐牢，万一其属地出事，就拿这些人质是问。这是从

彝族阿妈

清朝沿袭下来的“坐值换班”制度。红军随即在县城查抄出当时伪县府逼迫彝族签署“坐值换班”的字据，当众烧毁，并宣布从此废除对彝族的“坐值换班”制度。四处张贴《中国工农红军布告》深入浅出地阐明了我党我军的民族理论和民族政策，在冕宁各地产生了积极的影响。

知识链接 **《中国工农红军布告》** 中国工农红军，解放弱小民族；一切夷汉平民，都是兄弟骨肉。可恨四川军阀，压迫夷人太毒；苛捐杂税重重，又复妄加杀戮。红军万里长征，所向势如破竹；今已来到川西，尊重夷人风俗。军纪十分严明，不动一丝一粟；粮食公平买卖，价钱交付十足。凡我夷人群众，切莫怀疑畏缩；赶快团结起来，共把军阀驱逐。设立夷人政府，夷族管理夷族；真正平等自由，再不受人欺辱。希望努力宣传，将此广播西蜀。

1935年5月21日，刘伯承、聂荣臻率领的先遣部队抵达大桥，在经过额瓦垭口时，受到彝族武装的袭击，他们试图阻止红军前进，走在队伍后面的工兵连，被彝人缴械退回到大桥。红军只得缩短行军距离，严格军纪，原地待命，严格执行民族政策，对任何形式的侵袭，都不予理睬和还击。让懂彝语的向导给彝族做宣传解释，说明红军是为受压迫的各族人民打天下的，此次只是借路北上，决不会以彝族人民为敌。果基家支的头人果基小叶丹此时也派了他的四叔和精通汉语的沙玛尔各到喇嘛房、姜家店子探听情况，得知红军确实不同于以往所见的国民党军队。本着彝族固有的“朋友越多越好，敌人越少越好”的传统理念，果基小叶丹与红军群众工作队队长萧华进行了历史性的接触，并在友好的气氛中进行了亲切的交谈，果基小叶丹在我党我军政策和行动的感召下，对红军产生了好感和信任，愿与红军刘伯承司令结拜兄弟。萧华报告刘伯承、聂荣臻后，刘伯承司令为了团结少数民族同胞，为了红军主力顺利通过，毅然决然去担当这一结盟的主角。

彝海结盟纪念碑

1935年5月22日，在位于冕宁县城以北20多公里的彝海湖畔，刘伯承和小叶丹，按照彝族习俗，同饮鸡血酒，对天盟誓，结为兄弟，举行了举世闻名的“彝海结盟”。刘伯承把随身佩带的左轮手枪和一些步枪送给了小叶丹，小叶丹也将自己的坐骑送给刘伯承作为纪念。当晚刘伯承司令还在红军宿营地大桥，设宴款待了果基小叶丹叔侄一行。席间，刘伯承对小叶丹说，彝族内部要团结，不要打冤家，要和好；汉族彝族是一家，不要隔阂，要共同对付军阀刘文辉。随即刘伯承将一面写有“中国彝民红军沽鸡支队”的队旗授予小叶丹，任命他为支队长。也就在这一天，毛泽东、朱德、周恩来、陈云等中央领导同志随中央军委纵队到达冕宁县城。第二天，红军大队人马从大桥出发，果基小叶丹亲自陪送到喇嘛房，然后派果基尼迫、果基子达、沙玛尔各等送到岔罗。在果基小叶丹的大力协助下，红军沿途所过之处，都受到了特别协助，顺利地通过了彝区，直抵安顺场，为红军飞夺泸定桥、强渡大渡河赢得了宝贵的时间。从此，红军和彝族结下了深厚友谊。

◀ 彝海

知识链接 **彝海** 当地彝族称“悟勒苏品”。位于冕宁县城以北40公里的羊坪山上，距凉山州首府西昌117公里。彝海湖面呈元宝形，南大北小，面积233亩，平均水深9.8米，最深处15米，常年蓄水135.3万立方米。属高山淡水湖泊，湖面海拔2 280米，气候温凉，年平均气温9℃~15℃，四季碧波粼粼，清澈如镜，时常有野鸭在湖面嬉戏。四周树木苍翠，芳草盖地，生机盎然。作为红色景点，当地还有彝海结盟塑像和纪念馆，是国家爱国主义教育基地。

第二章 彝文文献浩如烟海

彝语属汉藏语系藏缅语族彝语支，被学界以昆明为坐标分成东西南北中和东南部六大方言，方言下面再分不同的次方言和土语。彝族拥有自己的原创文字，文字是一个民族跨入文明门限的重要标志，彝族先民用彝文以诗的语言书写和创作了诸多的彝文文献。彝文文献浩如烟海，卷帙浩繁，可以分成毕摩文献和大众文献两类，内容包罗万象，其中宗教类占的比重最大。在党和国家相关政策的护持下，彝文文献的搜集、整理、编目、出版以及翻译和研究都有了不少的成果，到目前为止已有128部彝文古籍入选《国家珍贵古籍名录》。

彝语属汉藏语系藏缅语族彝语支，分成六大方言，方言下面再分次方言和土语。彝族拥有自己的自源文字，关于彝文的起源和性质，学术界也有不同的解读。文字是一个民族跨入文明门限的重要标志，彝族先民用彝文创作和记录下来了浩如烟海的彝文文献，除了民间收藏的彝文文献以外，目前世界各地个人和有关机构收藏的彝文文献到底是什么情况，都还没有完全弄清楚。1980年开始由国务院批准在四川彝区推行规范彝文，取得了很好的社会效应。滇川黔桂四省区现在已经达成共识，准备在北部方言这套规范彝文的基础上，再追加一些音节使之完善，然后作为统一的现代彝族文字在四省区彝族地区推行。这些年，彝文文献的搜集、保护、整理等工作已经取得了一定的成绩。

彝族语言文字

彝语主要分布在中国云南、四川、贵州、广西四省（区）以及越南、缅甸、泰国境内。被学界分成北部、东部、南部、东南部、西部和中部六大方言。语言特点呈现为：①塞音、塞擦音、擦音分清浊两套。许多地区的塞音、塞擦音还有带与不带鼻冠音的区别。②除少数方言外，元音一般分松紧，但只在某些声调的音节里构成对立，如北部方言只在33、44两调的音节里对立。③韵母一般由单元音构成，没有塞辅音韵尾。云南、贵州部分地区有少数复元音、鼻化韵和鼻尾韵。④有3~5个声调，调型简单。⑤词序和虚词是表达语法意义的主要手段，基本的语序是SOV型即主语—宾语—谓语。⑥名词、动词、人称代词作定语时，在中心词前；形容词、数量词作修饰语时，在中心词后。有些副词修饰双音节中心词时，在中心词

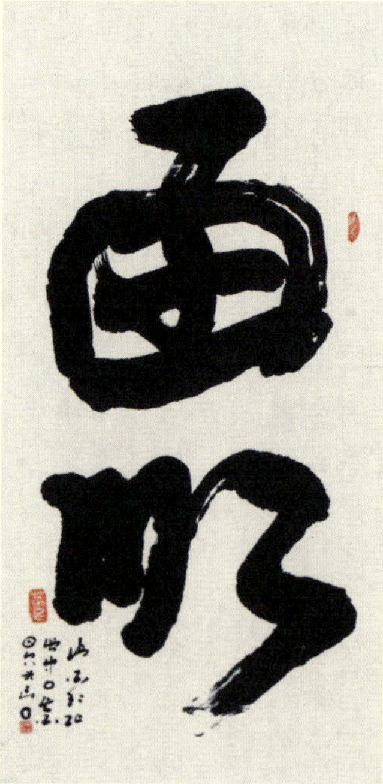

彝文书法

的两个音节之间。⑦量词丰富，有些方言的量词能直接修饰中心词，起后置冠词的作用。如北部方言量词起不定冠词的作用，东部方言部分地区量词起定冠词的作用。⑧有些方言有标志各种句子成分（包括主语、宾语）的结构助词。⑨一部分动词的自动态和使动态，用辅音清浊交替表示。单音的词和词根占优势；构词后缀多，前缀少；复合词多，单纯词少。四音格联绵词较丰富。

彝文书法

彝文属于自源文字，在汉文典籍中，六祖分支时被称为“夷文”，魏晋南北朝时期称为“爨文”，唐朝时称为“韪书”，元朝到民国时期叫“倮文”，新中国成立后随族称就叫“彝文”。彝文的产生年代和性质学界都有不同看法。就产生的年代有秦汉或更早说、两汉说、唐朝说。就彝文的性质有表意说、表音说、表意兼表音说。就彝文的载体来说，目前发现的有：刻铸载体（石刻文献包括建筑岩刻、建筑碑刻、墓碑、木刻文献；金铜铭文有“蛙钮彝文铜印”“以诺印玺”和“成化钟”），书写载体（木牍和竹简、骨头文、陶书、皮书、纸书），印刷文献（木刻印刷本、石印本、铅印本）。彝文文献浩如烟海、卷帙浩繁，海内外收藏的彝文文献到目前为止都没有明确的数目。

现代规范彝文

彝语的六个方言差异较大，各地使用的彝文大概有8 000多，其中的假借字偏多，使用也因地而异。20世纪50年代，以陈士林先生为首的专家学者到四川凉山彝区进行彝语文调查，设计

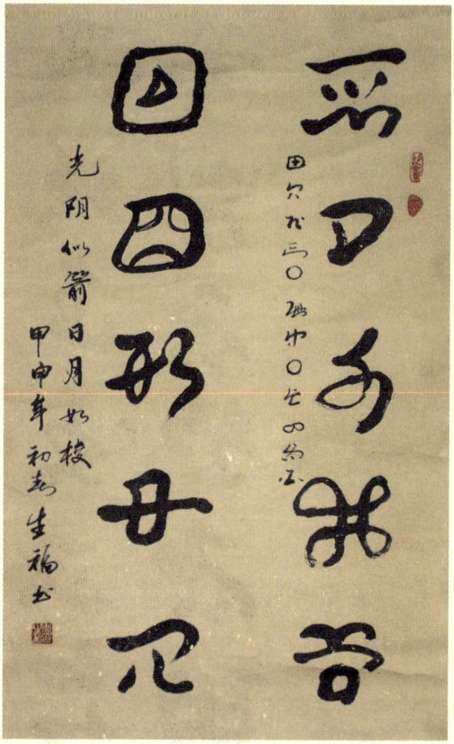

彝文书法

了一套拉丁字母式的《凉山彝语拼音文字方案》，开始在社会和学校中使用，后来由于种种原因，这套方案没能推广实行。1974年，四川省委组织有关单位对原有彝文进行了整理、规范，拟定了《彝文规范方案（草案）》。1975年，四川省委同意在四川彝族地区推行《彝文规范试行方案》，并批准恢复和建立了各级彝语文工作机构。国务院于1980年正式发文批准《彝文规范方案》在四川彝族地区推行。

文字包括三要素：即形、音、义，当时的《彝文规范方案》主要考虑到学习的便捷和文字的数量，采取以音、形为主，适当参考义的方式按音节设字，把彝文规范成音节文字。《彝文规范方案》只选用了819个彝文，加上次高调字和替字符号是1 165个彝文。解决了过去民间使用中“一音多字”“一字多音”和“有音无字”的问题，大大提高了彝文的交际功能和使用效率。将先前的拼音文字方案像汉语拼音字母一样，作为注音符号使用，特别有利于彝文的识读和信息化。只要会彝语，学习和掌握这套规范彝文非常快，学习者只要记住哪个音节是哪个字，就可以直接记录自己的语言。这套规范彝文在彝语北部方言区已经使用三十多年，无论在政治、经济、文化、教育上，还是在社会生活的方方面面都取得了举世瞩目的成绩。

云南省少数民族语文指导委员会1982年6月在昆明专门召开有关云南彝文规范的会议。会议出台了以老彝文为基础，规范一套以表意为主适用于各方言彝文的意见，使超方言的《云南彝文规范方案》得以产生。1987年2月，云南省人民政府同意在全省试行第一批规范彝文方案；1995年8月，云南省少数民族语文指导委员会对《云南彝文规范方案》进行进一步完善，规范了2 230个表意字、365个借音字，总计2 585个彝文。这套规范文字更多考虑的是文字的形和义，而对彝语六大方言语音的问题解决不太到位，推行效果不佳。

2010年，由滇川黔桂四省（区）民语委、彝学会制订的《通用彝文规范方案》，经全国彝语术语标准化委员会审查通过，将作为彝文的标准字符在全国彝族地区试行。《通用彝文规范方案》由规范原则、统一编制拼音方案、行款和书写法、借词的处理、数字、标点符号、替音符号的使用方法七个部分组成，以彝语北部方言为基础方言，以喜德语音为标准音，在1980年国务院批准方案的基础上增加了6个声母，按照一音一字、一字一音的原则，凡声、韵、调相同的音节，均用同一个字表示。一共有49个声母，10个韵母，4个声调。

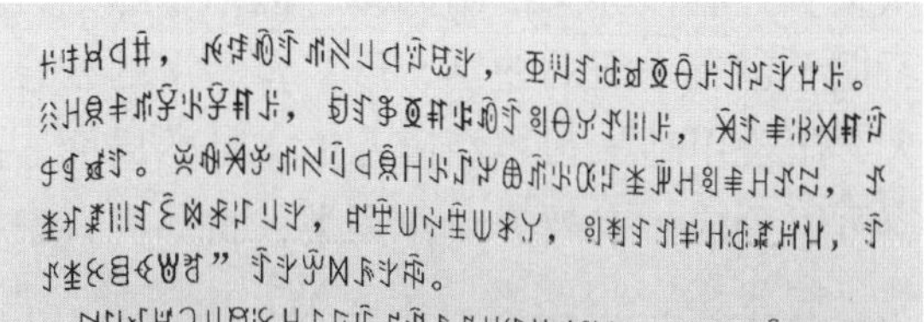

规范彝文

《通用彝文规范方案》涵盖了四省区共同整理规范出来的5 598个彝文字，并且把这5 598个彝文字确定为通用规范彝文的标准文字。各地要求统一彝文的呼声得以解决，目前正在编纂《中国规范彝文字典》和研制计算机通用彝文系统。

彝文文献分类

彝文文献具有鲜明的地区性特点，一般把它分成毕摩文献和大众文献。按地域可分成凉山文献、滇中文献、滇东文献、滇东北文献、滇南文献、滇东南文献、水西文献、水东文献、乌撒文献和广西文献。由于彝族先民不断地迁徙和发展，形成与其他民族大杂居和小聚居的局面，从而产生了方言的差异和社会发展不平衡等情况，这就导致了各地彝文文献在形式和内容上的变异。从文字上看，彝文虽出同源，但用字随方言流变，在形体和书写习惯上也有一定的差别，形、音、义的结合关系受方言的影响很大，出现甲地人很难释读乙地文献的局面。按照文献所记载的内容可以分成：宗教类（作斋类，丧葬类，祭祀类，消灾类，驱魔类，咒术类，指路类，招魂类，祈祷类，占卜类）；历史类（史学著作，谱牒世系，传记）；哲学类；历法类；军事类；医学类；文学类；艺术类；伦理类；生产类；工艺类。彝文文献包罗万象，其中宗教类所占的比重是最大的。

彝文文献

彝文文献保护

彝文文献除了海内外各个图书馆、博物馆和有关机构收藏的以外，大都散存在民间，彝文文献的收藏和征集是彝文古籍保护的一项重要工作。20世纪80年代以来，有关机构进行了相应的征集，主要通过三种办法来实施。一是通过动员，鼓励拥有彝文古籍的人员给政府相关机构捐赠彝文文献，政府机构给予一定的报酬。二是把家藏有大量彝文文献的毕摩招录为国家公职人员，让他带着家藏的彝文古籍进入到相关机构，进行相应的整理研究。三是征购，征集机构直接向彝文古籍拥有者收购。彝文文献的修复工作也在一些机构得以开展，如云南楚雄彝族文化研究院，到2012年底已经修复了彝文古籍308册。古籍再造工程是数字化出版技术出现后的一门新技术，云南省古籍办和红河哈尼族彝族自治州人民政府联袂选编了《红河彝族文化遗产古籍典藏》20卷，一共收录再造了110部彝语南部方言的彝文古籍，使彝文文献得以新生。

彝文文献数字化是未来的必经程序，目前，云南省古籍办、楚雄彝族文化研究院、西南民族大学文献保护中心和毕节彝文古籍翻译中心，已将自己所收藏的彝文古籍进行了数字化扫描或拍照，为彝文文献的保护提供了新的可能。

石林彝寨

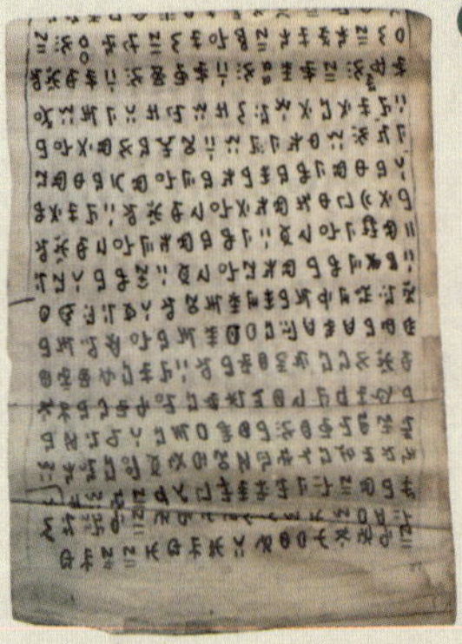

知识链接 **国家珍贵古籍名录工程** 中国政府为了建立完备的珍贵古籍档案，确保珍贵古籍的安全，推动古籍保护工作而实施的一项工程。由文化部拟定，报国务院批准后公布的一份名录。收录范围为1912年以前书写或印刷的，以中国古典装帧形式存在，具有重要历史、思想和文化价值的珍贵古籍，包括少数民族文字古籍。迄今中国共有11375部国家珍贵古籍，分别于2008年3月1日和2009年6月9日、2010年6月11日、2013年3月8日已向社会公布。

彝文文献的编目工作也取得了一些成果，如贵州毕节地区彝文翻译组的《彝文典籍目录》，收录了贵州毕节市的1 300多条彝文文献目录。杨怀珍编著的《国家图书馆藏彝文古籍书目》，收录了国家图书馆收藏的2 000多种彝文古籍书目。《中国少数民族古籍总目提要·彝族卷》即将编纂完成，目前贵州已经出版了收有2 911条目的《贵州彝文古籍总目提要》，云南已经完成了3 000多条；四川已完成3 780条。从2007年开始，国家启动了评选《国家珍贵古籍名录》工程，《劝善经》《西南彝志》《指路经》等11部彝文古籍入选第一批《国家珍贵古籍名录》；《宇宙人文论》《洪水泛滥》《彝族六祖源流》等35部彝文古籍入选第二批《国家珍贵古籍名录》；《阿诗玛》《城域金沙江》《雅乐诗赋》等34部彝文古籍入选第三批《国家珍贵古籍名录》；《彝汉教典》《彝文字集》等48部彝文古籍入选第四批《国家珍贵古籍名录》。

彝文文献的翻译整理与研究

彝文文献的整理与研究，伴随着彝文文献的产生和发展而推进。历史上彝族的毕摩把众多的占卜类书籍汇编成《玄通大书》，把诸多的颂词和祭文合编成《公书》和《母书》；把史诗和典故合编成《吾查》和《买查》。贵州热卧土目家的一位歌师曾编纂了大部头的《西南彝志》。元朝以后，一些彝族学者有意把彝文文献翻译成汉文，《元史·地理志》就引用了不少彝文文献中的地名和人名。到了明清，更是涌现了很多的彝文文献的研究者和翻译者。明末昆明有个叫李芳的彝族毕摩，把很多彝文文献抄写在一起，在每本文献的结尾都以彝汉文对照的形式呈现，注明抄写时间、地点等。这部手抄文献20世纪30年代由著名人类学家杨成志收藏，中央民族大学朱崇先教授曾目睹。比如清道光《大定府志》卷四十九《水西安氏本末》就收录有《土目安国泰所译夷书九则》。彝区的一些土司也曾设学堂讲授彝文，武定凤氏土司曾在明代主持翻译《太上感应篇》为彝文，并且用雕版印刷成《劝善经》木刻本，四川凉山的土司岭邦正也曾木刻印刷过彝文的《玛木特依》。

19世纪开始，西方的一些传教士、探险家、王公贵族和学者相继进入西南彝族地区。他们各怀心思，对彝族的各种文化事项进行相应的调查，写出了不少的田野调查报告，也搜集并带走很多的彝文文献。他们也第一次向西方介绍了彝族是一个拥有自己文字的民族。其中比较有名的一位传教士是法国巴黎外方传教会的盖布里昂（Guebriant, Jean Baptiste Marie de），又译作光若翰。他1885年来华，在宁远府（今西昌）传教三十多年。他1903年写了一篇叫《经过未知的中国——罗罗的国土》（A Traverser la China Inconnue-Chez les Lolos），开始把大凉山的秘密展示给西方人。1912年他又和乌伦合著了《中国的非中国人民的文字》（Ecritures des Peuples non hinois de le Chine），对彝族文字

知识链接 **保禄·维亚尔（Paul Vial）** 保禄·弗利克斯·维亚尔1855年生于法国，1876年加入法国外方传教会，1879年被派往中国传教。1880年，保禄·维亚尔抵达云南盐津，在龙启接受传教训练并学习汉语，之后被派往大理漾濞县，5年后转赴嵩明得泽村传教。保禄·维亚尔在石林生活了30年，谙熟撒尼文化，被时人称为“撒尼通”。1917年12月，保禄·维亚尔去世后，据其遗嘱，安葬在撒尼人居住的腹地——尾则。在传教生涯中，保禄·维亚尔创办了包括路美邑崇德小学、青山口天民小学、尾则小学、海邑小学、亩竹箐小学在内的教会学校。他撰写了《论云南土著居民的语言文字》《撒尼——云南的倮倮部落》《云南撒尼倮倮的传统和习俗》《倮倮的一场竞技》《一篇倮倮奇文》《倮倮有宗教信仰吗?》《倮倮人的复活节》《倮倮人的心性》《维亚尔的云南来信》《老街至云南省府铁路沿线所见》《回归的喜悦》《倮倮故事两则》等论文，还编写了《法倮字典》供人们使用。

进行了描述。另一位法国传教士叫保禄·维亚尔（Paul Vial），又译作邓明德，他在云南石林彝区传教十多年，著有《倮倮：历史、宗教、习俗、语言和文字》（Lolos，histoire，religion，moeurs，Langues，ecuiture），还编有《法倮字典》（Dictionarire Francais–Lolo）。

1928年，杨成志先生进入到云南和四川彝区，开始关注到彝文文献。他先后出版了《中罗字典》《云南罗罗的文字》《云南罗罗族的巫师及其经典》《罗文起源及其一般内容》等著述。还发表了《彝文"十二生肖"对译》和《彝文"太上清净消灾经"对译》等翻译注释文稿。

1930年，著名地质学家丁文江先生在贵州毕节地区从事地质勘探之余，邀请当地彝文经师罗文笔先生把他搜集到的彝文文献，按照先抄彝文为第一行，再用注音字母译音为第二行，然后用汉文逐字对照直译为第三行，最后一行乃用汉文意译的方式进行翻译。1936年，该成果定名为"爨文丛刻"，由商务印书馆出版，引起了国内外的广泛关注。

1940年，马学良先生在导师李方桂的带领下到石林调查彝语，最终写成《撒尼彝语研究》。随着他对彝语和彝文的研究，发现了彝语元音有松紧对立的现象，还在各种刊物上发表了彝文文献研究的一些文章。

20世纪50年代，各地彝族代表把彝文文献作为珍贵礼物献给伟大领袖毛主席，现在由民族文化宫和中央民族大学博物馆所收藏。贵州毕节专门成立彝文翻译组，组织翻译了《西南彝志》26卷的油印本。

十一届三中全会以后，特别是国家民委1979年发出了《关于抢救彝族历史文献》的（79）341号文件以后，彝文文献的搜集、翻译、整理、出版工作得以顺利开展。自20世纪80年代，

知识链接 **《西南彝志》** 《西南彝志》原名"哎哺啥额"（音译），全书彝、汉文对译本共26卷，290个标题，彝文约34万字。《西南彝志》的编撰者，人们习惯称他为"热卧摩史"，成书年代不详。《西南彝志》的原版，是贵州省大方县三元乡陈朝光家祖代收藏下来的。它的内容包括彝族产生、发展的历史过程，还涉及古代彝族的政治、经济、哲学、天文、地理、习俗等内容，被称为彝族的百科全书。

从中央到地方都增设了相应的机构，在大专院校设立彝语言文学和古籍文献专业，培养各种层次的人才，在四川民族出版社、云南民族出版社和贵州民族出版社增设彝文编辑室，形成了完整的教学、研究和出版配套体系。

20世纪80年代，北京出版了《爨文丛刻》（修订本）《劝善经》等，云南出版了《尼苏夺节》《查诗拉书》《普兹楠兹》等，贵州出版了《西南彝志》《物始纪略》《彝文金石图录》等，四川出版了《勒俄特依》《玛木特依》《额吉司》等。20世纪90年代，北京出版了《彝文文献选读》《彝文指路经译集》等，云南出版了《彝族氏族部落史》《云南彝族氏族谱牒译注》等，贵州出版了《彝族创世志》《夜郎史传》等。

▲ 彝文古籍研究成果

21世纪以来，北京出版了朱崇先的《彝文古籍整理与研究》和黄建明的《彝文经籍“指路经”研究》，云南出版了《彝族毕摩经典译注》《乌蒙彝族指路书》等，贵州出版了陈世鹏的《黔彝古籍举要》和王继超《彝文文献翻译与彝族文化研究》等，四川出版了《中国彝文典籍译丛》。随着彝文文献翻译整理成果的不断问世，研究彝文文献的学术论文不断涌现。有对彝文文献做宏观研究的，有对彝文文献做专题研究的，也有对彝文文献翻译整理的方法进行研究的。

◀ 唠嗑

第三章
彝族人生 知命乐天

人的本质属性在于社会性，每个生命个体无从选择自己的出生。彝族人从呱呱坠地到咿呀学语，到风华正茂，直至老态龙钟都会接受一系列生存仪式的洗礼，遵循一系列为人处世的理念。每个人都会经历婴儿诞生礼，取名仪式后正式成为家庭成员，进而男大当婚，女大当嫁，按照传统理念选择自己的婚配对象，完成成家立业，实现自己的人生价值。彝族人坦然面对生老病死，非常在意生命的终结，特别看重葬礼，尤其是老年人的寿终正寝，由此逐步形成了自己一套独特的丧葬文化习俗。

人的本质属性在于社会性，彝族人从呱呱坠地到咿呀学语，到风华正茂，直至老态龙钟都会接受一系列生存仪式的洗礼，遵循一系列为人处世的理念，从而实现自己的人生价值。每个人都会经历婴儿诞生礼，进而男大当婚，女大当嫁，按照传统理念选择自己的婚配对象，完成成家立业。彝族人坦然面对死亡，有自己独特的丧葬文化习俗。

婴儿诞生礼

过去彝族妇女生孩子都在自己家由接生婆协助自然分娩，任何一个新生命的呱呱坠地都是喜庆的事情，初为人父人母也是人生饱满的一个标志。婴儿出生第三天以后，就会选一个黄道吉日举行“出门见天仪式”，这一天，旭日东升之时，产妇在亲友的搀扶下，抱着婴儿来到庭院的竹席上落座。接着就给孩子举行剪头仪式，先由一位生辰八字与婴儿相合并且多子多福的妇女象征性地给孩子剪一下头，再由婴儿的父亲或母亲剪一下，把剪下来的头发装在小荷包中，缝在新的衣服上给宝宝穿上。在给婴儿穿新衣服之前，要给孩子举行沐浴仪式，用干净山泉水，清洗一下婴儿的脖颈、胳肢窝和胯部等部位。随后再举行命名仪式，可以由婴儿的爷爷奶奶来取名，也可以由孩子的父母来命名，还可以请毕摩或者有福气和威望的长者取名。

彝族儿童

取名大概有这么几种依据，一种是按孩子的排行命名；一种是按母亲生他的命宫岁位指向命名；一种是直接以动物和植物命名；一种是取贱名，如猪屎、狗屎等；还有一种是用机构、职业等现实存在的东西来命名。这一整天，主人家会杀鸡宰羊，宴请前来参加这些仪式的亲朋好友。

童年

知识链接 **洛依若** 洛依若为彝语，指婴儿蘸手指仪式，举行此仪式后，孩子就算家支的正式成员了。

等婴儿满月以后就要举行“婴儿手蘸水”的仪式，要杀猪宰羊，要邀请毕摩来主持，毕摩到时端着装水的碗和招魂草，口中念念有词，让婴儿按男左女右的规矩，用手指在水里蘸一下，然后再用手摸一下毕摩准备的一棵小树苗，用脚蹬一下毕摩拿着的小石板，祝愿孩子今后能像小树一样茁壮成长，意志能像磐石一样坚强刚毅。这个仪式一结束，就意味着这个孩子已经成为这个家族的正式成员。

此后的日子里，就要选择一个吉利的日子带孩子回娘家举行拜见外公、外婆和舅舅的仪式。这一天，婴儿一家三口都会穿上漂亮的衣服，母亲背着婴儿，父亲背着酒和各种孝敬老人的食物，高高兴兴上路。一路上只要遇到熟人，都会请他们喝酒，喝了酒的人知道情况后，都要或多或少给点钱或物，表示祝福。到了外公、外婆家，自然也会杀猪宰羊，附近的亲朋好友都会赶来喝喜酒表示祝贺，或多或少也会给些见面礼。外公、外婆一般都会给孩子赠送一套衣服，也会给各种钱财物，孩子的舅舅家一般都要给厚礼。一家三口这一趟回来都会满载“莫曲”和“卡吧”而归。

知识链接

莫曲 莫曲是彝语的音译，女儿为人母后首次带孩子来拜见姥爷、姥姥和舅舅时，娘家的父母和哥哥、弟弟等亲人，都会给女儿女婿金钱、首饰、物品和牲畜，这些相当于嫁妆的丰厚彩礼就叫莫曲。

卡吧 卡吧是彝语的音译，主要指馈赠给老人、妇女和小孩的钱财。

▲ 彝家女儿

少女成人礼

彝语“沙拉洛”，意思是换童裙。一般在女孩子15岁到17岁初潮以后举行，都要选择吉日良辰，由家境殷实、儿女双全的妇女或母亲主持，参与的都是女性，男性谢绝参加。

主要有这么几个步骤，首先要改变发式，将原来的独辫改梳成双辫并戴上新的头帕。其次是更换耳饰，将原来戴在耳朵上的耳线和海贝取下，换上金质或银质的耳环和耳坠。第三则是将浅色或黑白的两节裙换成三节的鲜艳百褶裙。在仪式进行中，主持人口含冷水，一边把水喷在少女身上，一边念叨：

少女彩裙往下穿，姑舅表哥往上来，别乱伦，莫降级，同姓家门防在外，姑舅之子往里来……

这些祝词里面包含了诸多的彝族婚姻习俗和禁忌，同时也包含了诸多的性知识内容。有些地方，如果换童裙的少女还名花无主，就会举行一个假婚仪式，把少女嫁给大树或者石磨。

等仪式结束以后，换童裙少女的家里还要宴请各路亲朋好友，这时不论男女都可以参加，大家一起喝酒吃肉，谈笑风生，到处充满着快乐的气氛。少女只要换了童裙，也就意味着她已经成人，可以自由参加各种社会活动了，当然也就有义务承担一定的社会责任。

梳妆

彝族婚俗

彝族传统婚姻基本上实行一夫一妻制，对待恋爱、婚姻的态度上，不同区域和支系的彝族呈现出不同的情况，但基本上都遵循民族内婚、等级内婚、家支外婚、姑舅表优先婚和姨表不婚的习俗。

新中国成立前，特别是凉山彝族地区，只能在本民族内缔结姻缘，严禁与外族通婚。人们的婚配对象选择只能在本等级内进行，即土司跟土司，黑彝跟黑彝，白彝跟白彝，跨等级的婚姻不允许产生，特别是黑彝与白彝之间。各等级的同一家支内部严禁通婚，若同一家支成员之间发生性关系或者私奔，一律视作乱伦，当事人要么自尽要么接受严厉的处罚。

同一家支相隔七代以后，只要举行了祭祖分支仪式就可以互相婚配。没有举行分支仪式的，不管隔了多少代，都是同门兄弟姐妹，不能婚配。彝族姑舅表兄弟姐妹之间有优先的婚配权，舅舅的儿子和姑姑的女儿，姑姑的儿子和舅舅的女儿是天生的婚配对象，他们之间可以互相嬉戏打闹，讲究青蛙跳在青菜上，亲上加亲。

过去还实行转房制度，就是在丈夫死后把妻子转嫁给夫家的兄弟或者三代以内的本房其他男子。即优先转嫁丈夫的兄弟，不合适的话也可以侄儿媳妇转嫁叔父，婶母转嫁侄子，儿媳转嫁公公。

知识链接 **姑舅表优先婚** “姑舅表婚制”是人类亲上加亲缔结婚姻的一种方式，有交互姑舅表婚、舅表婚和姑表婚三种基本形式。第一种是舅舅的儿子可以优先娶姑家的女儿，而姑家的儿子也可以优先娶舅家的女儿；第二种是姑家的儿子可以优先娶舅家女儿为妻；第三种是舅家的儿子有优先娶姑家女儿为妻的权利。彝族遵循第一种方式。

新中国成立后，《中华人民共和国婚姻法》在广大彝族地区得以推行，但在个别地区，传统的婚姻习俗依然具有很强的生命力，还在影响着人们的思想观念和婚配行为。

彝族缔结婚姻大致经历这样一些程序：

说媒

彝族男孩儿到了一定的年龄，家里就会请媒人去帮自己说合自己看中的姑娘，也可以让媒人帮自己四处寻觅合适的儿媳妇。媒人会根据等级、生辰八字等了解两家是否可以结亲。

彝族人认为不同的属相有不同的命，无论男女，凡是属狗、马、虎、猴、龙和鼠的都是“男命”，凡是属兔、猪、羊、牛、蛇和鸡的都是“女命”。若“男命”的女子与“女命”的男子相配则佳。彝族还有一种命宫的计算方法，通过母亲生自己时的年龄来计算自己的命宫在哪个方位，婚配时要看命宫是否相合。命宫的计算是这样的，男子的命宫起点是南方，以年龄按顺时针转，一年一个方位，即按南、西南、西、西北、北、东北、东、东南再回到南的方向转，女子的命宫起点是北方，同样以年龄按逆时针方向转，即按北、西北、西、西南、南、东南、东、东北再回到北的方向转。母亲命宫处在哪个方位的那年生的孩子，这个孩子的命宫就属哪个方位。比如，某个男孩他母亲26岁时生他，这一年他母亲的命宫刚好转到了西南方，那么这个男孩的命宫就属西南方；同样某个女孩她母亲也是26岁时生了她，这一年

她母亲的命宫转到了西北方，那么这个女孩的命宫就属西北方。彝族认为，凡是命宫在东北、西北、西南和东南的都是“强硬”的命，凡是命宫在东、西、南、北的都是“温和”的命。在择偶时，以命宫方向成180度的为最佳，如南配北、东配西、东北配西南、西北配东南。命宫方向成90度也可以，如北配东和西、西配北和南、南配西和东、东配南和北、东北配西北和东南、西北配东北和西南、西南配西北和东南、东南配西南和东北。其他的情况则不能婚配。

▲ 彝族美女

◀ 彝家女

如果一切都合适，两家都愿意联姻，就可择日到女方家杀小猪取胆和脾占卜吉凶，以胆大黄且透明，脾平展色正无缺为吉。把猪的脾和前蹄烧熟后给媒人吃，让媒人把半边猪头和猪后蹄带给男方家，表示女方已经同意这门亲事。

订婚

媒人已经在男女双方间达成缔结婚姻的共同意愿后，男方就会择日带上酒到女方家举行订婚仪式。男方派去的人除了媒人和准新郎以外，一般还有长辈、平辈和其他亲朋好友，少则三五个，多则十几个，一般多为9个，都是男性。女方家杀猪宰羊宴客。开席前双方在媒人的主持下，就聘礼和聘金问题进行磋商，谈妥数目后，立马要支付一部分给女方父母。等男方客人吃完饭，女方家的姑娘们就会用水泼男方客人，准新郎和年轻的小伙子是重点关注的对象，会受到特别的“洗礼”。

彝族谚语说，“一切都可以拿来说笑，唯独婚姻不能当儿戏”。订婚后，若要反悔就会受到严厉的惩罚。如男方反悔，除所有的聘礼和聘金泡汤以外，还要补偿一定数目的金钱；如女方反悔，则要加倍赔偿收受的聘礼和聘金。一旦订婚，一般很少有毁约退婚的。

订婚——泼水

接亲

彝族婚礼大多在每年的秋季和冬季举行。正式娶妻的头一天，男方家会把帅气的小伙子以单数组成接亲小分队，带酒前往女方家迎娶新娘。

女方家新娘的姐妹们早已在房前屋后准备好了各种泼水工具，用各种器皿装满水严阵以待。待新郎家的接亲小分队进入她们的地盘，各种碗、瓢、盆一齐出动，每个姑娘都要尽其所能，一定要把水泼向来接亲的这些小伙子。接亲的小伙子们自然也会随机应变，尽力冲出包围圈往新娘家屋里跑，有的躲闪不及只能就范，有的被追得到处跑，有的伺机进行反击，双方嬉笑追逐，此时此刻任何人都沉浸在喜悦之中，没有人会被泼了水而不高兴。娘家人会说："为了养大女儿，妈妈脱了九十九层皮，不泼九十九桶水，不抹九十九把锅烟，怎能让你们轻易接走新娘。"即使接亲小伙子们进了屋，新娘的伙伴们仍继续泼水，大有不把来接亲的这些人泼成落汤鸡绝不罢休的意味。等泼水结束以后，主客双方就围着火塘互相客套，寒暄，致敬，语言风趣幽默，气氛喜庆欢乐。

▲

接亲泼水

◀ 背新娘

到了夜晚，在美姑等依诺地区还有一种叫“索确”的游戏，姑娘、小伙互相嬉戏打闹，相互撕扯拥抱，各种叫声吼声笑声交织在一起，煞是热闹。凌晨时分，姑娘们在一起唱各种旋律的《哭嫁歌》，表达依依不舍的心情。

正式出嫁的清晨，大家会把新娘带到一棵枝繁叶茂的果树下面，为新娘梳妆打扮，新娘的姐妹们把新娘团团围住，接亲的小伙子们此时又得执行抢亲的任务，他们得想方设法冲破姑娘们的围追堵截，以摸到新娘的衣物算抢亲成功。一旦抢亲成功，就可以背上新娘即刻出发，娘家的送亲队伍会浩浩荡荡跟随而来。

迎亲

当新娘快要接近新郎家的时候，女方的送亲队伍会派两三个小伙子到新郎家报喜。

新郎家已经做好了各种准备，一般会在住宅附近搭建一个竹棚或松棚，里面铺上松叶或荞麦秆，三面围上竹篱笆，顶上也用

彝族婚礼

竹篱笆盖好。新娘到了以后就直接带到棚子内坐好，过一会儿，由新娘的大姑子或小姑子来给新娘举行分辫仪式，将新娘的单辫分成双辫，意味着少女生涯的结束，身份已经改变，从今往后就为人妻了。然后让新娘用餐，婚宴也正式开始，所有来参加婚礼的亲朋好友和左邻右舍不用带什么礼物，也不用赶礼钱，来的都是客，主人家会让大家尽情地吃喝，所有的来宾都会把自己最美好的祝福送出。等来宾用餐完毕，宾主双方会派出选手进行摔跤比赛，比赛会有输赢，最终以打成平手为最佳结果。到了晚上，宾主双方要进行各种说唱比赛，天文地理，无所不包，既有文献记载的，也有即席发挥的，双方一唱一和、一问一答，通宵达旦，难分胜负。

最后要给送亲队伍一定的礼金，其中新娘的舅舅、叔叔、兄弟、伴娘、家门必须分门别类地给，宾主双方会有个讨价还价的过程。彝族认为，嫁女儿这天如果不据理力争礼金，似乎就意味着自家的女儿不出众或者不被重视，主人家当然会以美酒致敬，美语答谢。

回门

彝族遵从不落夫家的婚俗，婚礼结束后要把新娘送回娘家。有些是婚礼结束后新娘由新郎及其同伴护送着跟送亲队伍一起回门，有些是让新娘在婆家小住几日后再由新郎和同伴送回娘家。

彝家新寨

回门时新郎和同伴会带上美酒，牵上一两只羊去拜会岳父母，岳父母家也会大宴宾客，依然会举行各种说唱比赛，也会摔跤，还会泼水。

对于彝族新郎、新娘来说，结婚只是履行了程序，向社会宣告两人缔结了夫妻关系，还谈不上洞房花烛夜。新娘回门以后就会继续留在娘家，如果新郎家不来叫的话，她是不能随便就去婆家的。在这来来回回的过程中，新郎和新娘要想圆房还需要一番周折，两人要斗智斗勇，一般新娘第一次都会极力抵抗，不让新郎轻易得手，表示自己是守身如玉的贞洁女人。新娘在娘家的时间长短不一，短的一两年，长的三五年，直到新娘怀孕才正式入住婆家过二人世界。当然这种习俗现在已经发生了很大的改变。

知识链接 **不落夫家** 一种婚姻习俗，多数研究者认为，这种习俗是从妻居婚向从夫居婚转变的残余。新娘在举行结婚仪式后，当天或过两三天后即返回娘家，不在夫家居住。每逢农忙、节日或夫家办婚丧等事，由夫家派人携带礼物接妻子到夫家居住数日或半月，再由夫家送回娘家。妻子留住夫家时，夫家以客人相待，只让参加一般劳动或象征性劳动。妻子在娘家居住的时间，通常是一二年至七八年，也有长达十余年的。彝族一般是妻子怀孕后就正式入住夫家。

姑娘房

云南彝族现今仍保留着这样一种传统——姑娘房。彝族少女长到十七八岁便要接受成人洗礼。母亲和女性长辈，择定吉日良辰，焚起好香，挑来净水，将姑娘的身子洗得干干净净之后，在一旁早已等候的女伴们，开始为她换下孩童时穿的白裙子，穿上标志成年女子的黑裙子，边换边说些赞美和祝福她的话。然后便将她送到专门为她搭建的姑娘房里居住，让她开始与小伙子们交往。

姑娘房大小不一，大的可以住十余人，小的可以住三五人，一般都建在村头或村尾，一是方便小伙子与姑娘幽会，二是避免影响村寨中的父母和长辈。姑娘们白天回家干活，晚上就在姑娘房里纺线织布绣花，有的姑娘房中还会准备一些香烟、糖果、瓜

子之类的零食，有小伙子来相会时，便陪坐聊天。

每当夜幕来临，姑娘们都会精心地打扮一番，等待小伙子们到来。小伙子们来后，通过交谈相互认识，然后便在姑娘房中围成一圈儿，唱起情歌，跳起欢快的舞蹈，唱够了跳累了，他们便和看中的姑娘在一张床上和衣而睡，不过千万不能有什么想法，否则姑娘们会群起而攻之。天一亮，小伙子们便会早早地醒来，相约再次幽会的时间，然后悄悄地离开姑娘房，此时姑娘们也各自回到家中，开始一天的劳作。

姑娘房也是相亲的场所。姑娘赶歌会去了，妈妈必须煮好招待未来女婿的饭菜。青年们在歌会上互相认识后，男青年必须同女青年一道住在姑娘房，由姑娘招待。而父母不能露面，只能从门缝中偷看。

这一夜，姑娘、小伙住在一起，进一步互诉衷情。天亮时，小伙子才悄悄离去。如果男方中意，很快就派人来提亲，若是男

▲

撒尼彝族姑娘

彝家姑娘

方在短期内没有动静，那就算吹了。男方提亲，女方可以拒绝。无论哪方不愿意，都只有等到下一次跳歌会再另选择。有的小伙子在姑娘房一住就是几天，不肯离去，这时女方得照常招待。白天，小伙子随女青年回家砍柴、放牧，晚上又同女青年在姑娘房住宿，女方父母视而不见，听任其便。

按照风俗，适龄女青年参加跳歌会必须领个小伙子回家，才算有本事。自己体面，父母也高兴。同样，男青年参加跳歌会也以被姑娘约走为荣。倘若一个人去，一个人回，全家都不愉快，旁人也看不起他。姑娘房中来往的小伙子越多、越热闹，说明姑娘的人缘好，喜欢姑娘的人多，魅力也就越大，做父母的面子也就越有光彩。

彝族女人就是用这种特定的地点来选择自己的爱情，她们视爱情为生命，把温情献给家庭，把欢乐留给了生活，姑娘房见证着她们浪漫的爱情故事。

彝族丧葬习俗

彝族特别注重死者的葬礼，葬礼的规格因死者的年龄、社会地位以及家庭的经济状况和子女的成才与否而不同。一般来说，有儿女的老人寿终正寝的葬礼最为隆重。以凉山彝族火葬为例，大致程序是这样的：

整理遗容

在死者奄奄一息的时候，已经给死者穿好寿衣，要牵一只公绵羊做好准备，一旦死者断气，立即将公绵羊掐死，取出羊胆挂在死者旁边，将烧好的羊肝和荞粑等一起拿来祭献死者。在死者断气时，要赶紧往死者的嘴里放点碎银，然后托住嘴，帮其合上眼，让其面容就像睡着了一样。还要将死者的双腿蜷起，让其呈蜷曲状不能伸直，将双手握成拳头交叉在胸前。最后将尸体按男左女右的睡姿侧卧到尸架上。

知识链接 **尸架** 尸架类似于担架，两根抬杠多用杉木或松木，要用白布缠绕上，中间的木棍男的要扎9根，女的要绑7根，扎绑尸架只能用麻线或布条，不能用其他的代替。

发丧

主人家要决定通知哪些死者的生前友好和自己家的姻亲对象，该请的亲戚家门都不能遗漏，要不他们事后会来祭奠并讨要说法。报丧的人到了目的地以后，要用委婉的语言转告，不能直截了当地说某某死了让你们去奔丧。特别是对死者的近亲亲属，开始只能说某某病危，我来请你们哪天回去看看，一般主人也会有所警觉，进而会再三询问，奔丧人这时才能将实情和盘托出，把葬礼日程也一并告诉，随后再劝慰主人节哀顺变。主人家一定要杀牲畜招待表示感谢。主人家也会将噩耗告诉亲朋好友，立即组织奔丧队伍，张罗牛羊等牺牲和酒，过去要带枪到吊丧现场鸣枪吊唁，现在只能用鞭炮和焰火替代。

吊丧

有些死者家属把遗体停放在屋内，有些则在宽敞的院坝上搭停尸棚，把尸体移到停尸棚内供大家前来吊唁。当吊唁的队伍快接近死者家时，就会鸣炮并开始哭丧，主人这方也会鸣炮回应，等吊唁队伍到达后，又会掀起一个哭丧的高潮，人们争相哭诉死者生前的美好品德和感人事迹，伴着悲伤的氛围，在场的人都会潸然泪下。主客双方会互相敬酒，互相寒暄，互相通报信息。到了夜晚，前来吊唁的队伍会被分派到邻居家安排伙食。等吃过饭各路姻亲都会集中到死者家周围，各种哭丧和说唱表演如数登台，有女子排成行，一人领唱众人合的“阿古格”，也有男子的说唱舞蹈“瓦兹雷”，内容包括远古的历史、人类的起源、各种物品的来源等等。遗体周围一直有人不停地在哭诉。

知识链接 **阿古格** 阿古格是一种悼念死者或祭祀活动时演唱的歌曲，一般以10人为一队，列队边舞边唱，歌词由领唱者即席创作，一般是主客双方各自组队演唱，参加者男女均可。

出殡

出殡这天的凌晨，就要把遗体移到空旷的地方，毕摩要念诵《指路经》给亡灵指路归宗，还要给子女们举行招魂仪式，避免子女因为过度思念，灵魂跟着亡灵走。待毕摩结束所有的仪式，众亲友的各种哭声、哽咽声此起彼伏，抬尸的4个人开始把死者抬往火葬地，很多人最后送一程就停下来了。

知识链接 **瓦兹雷** 瓦兹雷是悼念死者的一种歌舞形式，一般由二人配合、一唱一和，且歌且舞，对于演唱者的学识和口才要求较高，可以由主客双方派员进行对垒。

大家集中到一个宽阔的地方，开始按人头分发坨坨牛肉和荞粑等主食，凡是在场的人都不能遗漏。主人家此时也会向大家宣布丧葬的账目，包括这次收了多少头牛、羊，共宰杀了多少，来了多少姻亲，哪家带来了什么，有什么样的表现等等。只有少部分的亲友和专门负责火化的人跟着去火化地。

奔丧

火化用的柴大都就地取材，砍伐松树后劈开，男的搭九层，女的搭七层，火种是从死者家里点来的。等遗体焚化完了，死者近亲要去查看是否都已化成灰烬，要用一个麻布或白布兜捡起骨灰撒到竹林中。还要在火葬的灰烬上泼一些水，用铧口象征性地犁三下并撒上荞麦就告结束。毕摩要在死者家的庭院外为参加火化的人员和工具举行除秽仪式，主人家再把他们迎进家，杀猪宰羊款待，以表谢意。

对于丧葬，凉山彝族人还有一些特别的禁忌，如夫妻之间不能相互哭丧，若有人不能遵守，因自己的老公或老婆去世而痛哭，就会被人当成笑柄。另外推磨磨面的时候要逆时针推，即与平时相反。

知识链接 **《指路经》**《指路经》是在彝族丧葬仪式上毕摩念诵的经书，是以经籍为载体的文学作品。就是指导灵魂回归祖界的经书。它教导亡灵从现在的居住地一站一站往回送到最初的来源地，《指路经》其实就是一幅彝族分布的迁徙路线图。如果我们把各地《指路经》的地名都能释读出来，我们就完全可以画出一幅各地彝族的迁徙分布图。

第四章
彝族政治伦理独到

彝族拥有以父系血缘为纽带的宗族共同体即家支，它以父子联名的形式形成谱系把所有宗族成员串联在一起，源自同一始祖的成员，只要没有举行分支仪式都属同一家支，每个男性成员的名字都会入谱进而成为家支的一员。过去凉山彝族的政治制度就是靠家支这种特殊的组织形式来体现的。彝族社会中存在一套维护人际关系和伦常秩序的言语行为规范，特别信奉重义轻利的君子风范，彝族人把第二性的脸面看得比第一性的生命更加重要。为了更好地规范人们的言行举止，凉山彝族还形成了一套相对完备的习惯法制度来规范和约束人们的社会行为。

▲
炊烟

彝族家支制度

家支，彝语叫“此威”。“家支”一词是“家族”和“支系”的总称，是外族人对凉山彝族同源宗族的一种习惯叫法。家支是以父系血缘为纽带的宗族联合体，它具有父系血缘共同的祖先及家支名称，家支名称大都来自某一祖先名称或居住地的地名，每个家支都有自己世代相连的父子联名谱系，父子联名像一根连环的链条，串联着家支的每一个男性成员。家支作为血缘组织，主要存在于兹莫和诺合统治阶层内部。每个兹莫和诺合家支都有自己稳定的统辖区域。

家支职能

彝族人推崇“猴子靠树木生活，人们靠家支生存”的信条，家支有对内和对外两种职能，对内主要保障统辖区域的生产生活有序，土地等财产不容侵犯，严厉执行家支内部“绝业”的继承权；履行家支内部互帮互助；惩戒家支成员违法乱纪；教育感化家支成员去恶从善。对外则保护家支成员一切正当权益，一旦付诸武力，协调家支成员共同作战；负责决定家支之间的联姻和联盟。

家支多数情况下是一个关系密切的利益单位，是一个包含着政治、经济、军事职能的组织机制。凉山彝族的政治制度就是靠家支这种特殊的组织形式来体现的，凉山诺合家支成员依赖这种工具来实现对凉山的政治统治。

知识链接 **父子联名谱系** 父子联名制是父系制时代父名与子名相连的命名制度，姓是宗法制度的产物，而名的诞生可能要比姓久远得多。在姓没有产生之前，如何辨别氏族，特别是在婚姻活动中，那么就靠记住祖先的源流。因此，人类早期的命名方式，除了本名之外，必要时要说明自己是谁的儿子，以区别不同的氏族。藏缅语族中的父子联名制应该是一种最古老的命名形式。彝族每个男性个体成员都是父子联名谱系当中的一环，人们通过家谱来认辈分，理亲戚。

家支观念

明清以来，凉山彝族社会诺合统治阶级的切身利益主要由家支来保护，各种矛盾和纠纷都由家支来解决，家支客观上与人们的利害得失密切相关，因而人们的生存和活动在很大程度上依赖

全家福

家支。在思想感情上，由于家支是因血缘关系形成并由“骨头”和“根系”的血统论加以渲染和巩固的，家支的规矩早已和彝族人的传统习惯结合在一起，并牢牢地扎根于彝族人的意识之中。因此，彝族人普遍家支观念强，家支情感深。家支和家支制度是凉山彝族社会历史、文化、地理环境等诸多因素促成的，是一种自然形成的社会文化模式。

作者（右二）与家支成员

彝族家支是以父系血缘为纽带的家族集团，这就形成了以父系血缘为基础的大大小小的血缘家支群体。家支关系的基础是血缘关系所确立的亲戚关系。每个家支成员都生活于各自的家支群体中，家支关联到每个成员的生命、财产、婚姻、社会地位等各种具体的利益。所以，家支关系不仅仅是个人与个人的关系，或个人与家支的关系，也涉及家支与家支之间的关系、家支与社会的关系。

祖孙俩

和其他民族相比，彝族人特别是诺苏支系的四川凉山彝族人，他们似乎更为认同这种关系，或者说更认亲戚关系。在亲戚关系上比其他民族认定得更远，承认的范围更大，这也是彝族的家支与汉族或其他民族的“家族”概念不一样的地方。

彝族社会生活中，社会个体的政治生活和经济生活都离不开家支组织，家支成员的思想意识、道德观念、社会行为都不能超越家支制度所允许的范围。如家支成员在涉及家支内的偷盗、抢劫、土地、财产、男性之间的伤害案等纠纷时，法律主体可以是个人，但在涉及家支外的偷盗、抢劫、土地、财产、奴隶、人命以及同家支人命案和家支内女性婚姻案时，法律主体多数是家支。个体的权利、责任往往是通过家支表现出来，这些都可以被看作是家支制度的重要部分。家支制度就是由类似的彝族传统习俗、道德规范等因素形成的一种道德和法律约束机制。

家支活动

过去彝族社会发生的每一个案件纠纷，每一个债权债务都应

当是当事人个人的行为，但是纠纷一旦起诉到德古、苏易那里时，德古、苏易就要出面调解和干涉，因为这些问题涉及家支内部的团结，涉及家支的荣誉，涉及家支的威望和尊严。那么德古和苏易所从事的活动就是家支活动。家支活动还有一个方面是人们背家谱、理家门等一些现象，或一个家支的人们团结起来抵御自然灾害，在家支内相互救助，这也是家支的又一功能，人们都通称之为家支活动。民主改革以后，前一种功能逐渐失去，而后一种功能还在家支内保持着。

▲
耕作

知识链接 **德古** 德古是彝语音译，指那些知识渊博，智力过人，懂彝族的习惯法，能按习惯法及其案例处理问题，办事公道，作风民主，有影响能服众的头面人物。彝谚有“汉区长官为大，彝区德古为大”的说法。

现当代的家支活动多被人们理解为利用家支力量来对付另一家支或影响人民政府的公务或干扰国家法律秩序的现象，甚至笼统地使用于任何彝族人结集的场合，并把它赋予贬义，因此，这是一个含义不清、性质模糊的概念。

彝族的家支活动原始的面貌就是彝族的集会制度。集会制度是为适应处理日常事务、调解纠纷以及组织动员家支中人出现的各种类型的集会。

知识链接 **苏易** 苏易也是彝语的音译，指到一定年龄，特别是娶妻生子后，能够遵循习惯法，做到道德自律的正人君子。在一定范围内有一定的影响力和号召力，社会声誉比德古低一些。

根据解决问题的方式和参加人数的多少，集会大体可分为三种：第一种叫“吉则吉依”，意思是商量，三到五人参加，多是几个德古等关键人物对一些重要事情进行通气和秘密磋商。第二种叫“吉尔吉铁”，意思是互相讨论，参加的十余人到几十人不等。多数是解决一个家支范围内的事情。如杀死家门中人的抵命与赔偿等，吉尔吉铁看事情的情况或公开或秘密进行，没有固定的时间和地点，根据需要临时召开。第三种叫“蒙格”，意思是举行会议。参加者数十人、几百人、几千人甚至上万人不等。蒙格可以分为专业性的蒙格和各类人共同参加的家支蒙格两种，专业性的蒙格如阿伙蒙格（儿童会议）、色尼蒙格（妇女会议）、勿吐蒙格（毕摩会议）、勿尼蒙格（家支会议）。多是几个血缘家支为联合抗御外来侵犯的会议，多由诺合德古主持，参加者包括有关家支成员。

彝族君子人格

苏目与苏此

君子在中国古代最早是一种社会地位，并专指社会上层的人，到孔子时期就把他扩展到了具有道德情操的人。中国哲学家们用“内圣外王”来总结儒家对君子的定义是有道理的，说到底君子的问题就是一个普通的做人问题。彝语称君子叫“苏目”，小人叫“苏此”，“苏目”和“苏此”的关键区别点在“硕尼”与“古尼”之间。“硕尼”主要指利他的理念和行为，“古尼”主要指利己的理念和行为。一个人能够牺牲自己的利益去照顾他人的利益就是君子的风范，正所谓“君子喻于义，小人喻于利”。义和利是考察一个人人格魅力的主要尺度。

哦果与哦尼

彝族人的日常生活

彝族社会尊崇品德修养，注重个人的名声，有谚语说“虎死留皮，人活要名”。彝语对生物性的第一生命叫“哦果”，脸面性的第二生命叫“哦尼”，“哦果”固然是基础，没有“哦尼”的“哦果”就如同行尸走肉。如果一个人的第一生命是让他活着，那么第二生命就是如何活的问题。“哦尼”的内容涵盖了为人处世的基本礼仪，“哦尼”与脸面基本对等，脸面的本质就是守礼守节，这种遵守和约束既可以来自外部世界，也可以来自自身心理。

彝族社会行为规范

彝族社会中存在一整套维护人际关系和伦常秩序的言语行为规范，诸如“祖辈制定规矩，孙辈遵循规矩”，“有父才有子，有兄才有弟”，“长辈没有至理名言，后代没有言语依据”等等，讲究父慈子孝，长幼有序，男女有别，兄弟姐妹之间必须以礼相待，在公众场合，若有自己的姐妹在场，自己不能、他人也不能开出格的玩笑；与他人的兄弟姐妹相处时，当然也不能和他们当中的任何人开出格的玩笑，否则会当作是羞辱。

彝族的教育经典《玛姆特依》中写到了很多人生的伦理道德，它告诫人们勿偷盗；告诉人们勤劳致富；鼓励吃苦在先、享受在后；提倡团结友爱，与人为善；赞赏有福同享，有难同当；教育人们尊重知识，重视学习；要求人们诚实守信；勉励人们谦虚谨慎；坦然面对生老病死；主张人人平等。

知识链接 **《玛姆特依》** “玛”是彝语“教”的意思，“姆”是“贤能”的意思，“特依”是“书”的意思，即教人贤能的经典，也有人译成教育经典。它以一个男性主人公从呱呱坠地、咿呀学语，到风华正茂，直至老态龙钟的耄耋之年为主线，以人们在什么年龄阶段该做什么、不能做什么的口气，教导人们如何做好为人处世这篇大文章。是彝族很重要的一部伦理学著作。

牧归

“德古”概念

彝族社会中的“德古”就是君子的典型人物，“德古”是彝语，德古也可简称“莫”，德古有时也被称为“家支头人”，但这种称法不太准确。家支头人其实包含两种人：一种是兹莫，诺合中财大气粗、有一定影响力的人物，这种人其实称为“苏易”更准确；另一种是兹莫，诺合中的知识渊博、能言善辩、道德高尚、人格完整、敢作敢当的人，这些人不一定是财大气粗的人，他们全靠人格魅力得到社会成员的好评并获取这一殊荣。

“莫”曾是彝族古代社会的一个重要等级，位列兹、莫、毕、格、卓五个等级序列中的第二等级，由于莫都是道德高尚的君子，他的身份不能靠世袭获得，只能靠自己的造化。也就是说“莫”的产生方式决定了他不可能作为一个稳定的等级长期延续下来，他们后来就逐步融入到了“兹”和“毕”的行列，成了后来的“兹莫”和“毕摩（莫）”。“莫”等级的消失正是自身这种职能需要自然产生的不可世袭性导致的，这种民间民主的性质让兹、毕等级都可加入到德古的行列，甚至“牧猪儿童”都可以在德古旁发表自己的看法。

德古一般都由辈分高和年龄大的人充当，但这不是必要条件，彝族格言说：“德古多麻阿伙沃罗苏色。”只要你合乎了君子的道德标准，不管年龄和出身，大家认同你都可以成为德古。德古不能世袭，不靠任命，更不是通过选举产生，完全靠个人的魅

知识链接 **德古多麻阿伙沃罗苏色** 彝语的意思是，德古的语言可能就在野外放猪的牧童那里。彝族社会崇尚礼仪，实践公平正义，公道自在人心。不能因地位、身份、金钱等的因素影响而偏离公平正义，切忌看人说话，不认同人微言轻。只要说得有道理，哪怕是乳臭未干的牧猪儿童也没关系，只认理不认人。

力自然产生。他们见多识广、能言善辩、修身养性到位，有正义感、办事公正无私；他们上知天文，下知地理，熟知彝族习惯法、处理各种纠纷不偏不倚。

由于每个德古的修养和素质不可能完全一样，每个德古的威望、威信和知名度不同，其影响力、号召力也会有差别。彝族俗语说："此布此苏易"（一房一苏易），影响力在家支人群中仅局限于一房一支，社区范围仅在一村一寨的头人，一般称为"苏易"。所谓"惹波呢帕莫，祖组呢苏依"（生有小孩儿就是长辈，留有发髻便成苏易），家支中的人到了一定的年龄，有一定的道德修养和处理问题的能力就可成为苏易。影响力在家支人群中已超过一房一户，而且在整个家支都有影响力和号召力，并且已经辐射到了家支所居住的其他地盘，这样的头人或苏易一般称为"德古"。

▲

守望

对德古这样的君子，有很多的"尔比尔吉"：

要立法规，不可破法规。

君子到敌人家，敌人变成朋友，小人到朋友家，朋友变成敌人。

德古心不善，男儿要流血；男儿心不善，德古晒太阳。

当德古常苦（穷），当圣人若愚。

德古相见，戴不稳斗笠，勇士相见，系不牢弓弦。

当德古也不轻松，时时刻刻要注意自己的言行举止，怕自己在大庭广众面前表现有失水准，君子与君子之间的尊重和敬畏是常态。因此，要成为德古这样的君子，必须拥有善良的心地，广博的知识，宽广的胸怀，亲善平和的态度，还要甘愿受穷，不图

知识链接 **尔比尔吉** 彝族人民创作的一种口头文学形式。它讲究对仗、押韵，在现代彝语中表现十分活跃，类似于汉语的格言、谚语和警句。在彝族社会，不论过去还是今天，"尔比尔吉"掌握的多少和运用的强弱，成了一个人知识渊博见多识广的重要标志。"尔比尔吉"富有哲理，是人们认识自然、社会和自身心理的概括和总结。它一经形成，就为彝族人民所信奉和恪守，成为彝族人民社会生活行为的指南。

钱财，甚至要牺牲个人的利益。这就促使德古要想保持这种地位和荣誉，就得不断地完善自己。

民主改革前，在大小凉山彝族地区，除了兹莫、诺合中产生的德古外，在曲诺等级中也会产生一些道德自律的君子，这些人被称之为“莫魁”和“节苏易”，他们也能参与家支的会议并发表自己的意见，合理的意见也会得到诺合头人的尊重。

义利与脸面

对待义和利的态度，是彝族区分君子和小人的核心内容，有无脸面成了彝族人检验君子与小人的一个尺度。脸面的核心来自于伦理道德，汉语中的脸和面子还有一定的差别，彝语的“哦尼”基本等同于汉语的脸面。一个人的面子只能在社会交往中才能出现并发挥作用。

作者(左)与美姑彝族德古恩扎维机

脸面的大小与有无除了先赋性的血缘、性别、辈分、年龄等因素外，还有获致性的因素，诸如个人方面的成就、人格、道德、修养、知识、能力等，家庭方面的亲情、财产、联姻、门风等，社会方面的权力、武力、身份、地位、名望、职务、金钱、关系等等。任何人都可以通过自身的渠道和努力获取一定的脸面。

彝族有句谚语叫：“苏嘎鲁尼博，德古鲁尼局，萨扩鲁尼姆。”意思是成功人士富人排第一，德古排第二，勇士排第三。在强大的经济能力面前，彝族人所推崇的君子代表德古退居到了富人之后。富人有可能是君子，也有可能是小人，但德古一定是君子。如果我们把个人的品行和社会权势硬性切割的话，社会生活中的人就可以分成这样四种人。第一种是既有品行又有权势的人；第二种是品行好但没有权势的人；第三种是既没品行又没权势的人；第四种是品行差却有权势的人。大多数的彝族人都在社会生活中注重品行修养，追求脸面，争当君子，但追求的方式有不同。第一种人是彝族人所崇敬的，但人数较少。大部分人属于第二种或者第四种，第三种人的比例也不高。从彝族的价值观来看，彝族人对第二种人的评价高，对第四种人的评价低。从世俗的实用性来看，对第四种人的评价高，对第二种人的评价低。无论从价值层面还是现实层面都认为第一种人好，第三种人坏。对于第二种人的价值和世俗认同失调，现实生活中，人们倾向通过精神胜利法来调整，表现出架子式的行为。对于第四种人的价值和世俗认同失调，在实际生活中，人们倾向通过人情法则来调整，表现出社会交换的行为。而第三种人则最有可能选择通过越轨行为来获得权势。

彝族习惯法

凉山彝族社会没有完备细致的法律文本和法律理论学说，却有独立完备的民族传统法或称之为民间法，它是彝族社会千百年来在内部产生、形成并逐步完善的，具有较为完整体系的法律制度形式，由于它的性质特点，一般也称它为习惯法。

凉山彝族习惯法，彝语叫“节威”，“节威”在形式和程序上大致包括了三个部分：“勿兹节威”（程序习惯法）、“木普瓦诺”（民事习惯法）、“牧俄史俄勒”（刑事习惯法）。彝族习惯法对纠纷案件的性质和程度判断（或者叫责任名称）分：“阿曲”（白

彝家生活

案)、"阿则"(花案)、"阿诺"(黑案)三种。部分地区区分得更为细致,把纠纷案件的性质程度区分为"阿曲"(白案)、"曲则"(花白案)、"阿则"(花案)、"诺则"(花黑案)、"阿诺"(黑案)五种程度,但常见的是前一种划分法。

彝族习惯法裁决中具体的一些赔偿道歉项目如下:

在人命金案子中有:人命金,接受调解牛,擦眼泪马,莫木金,莫达金,打露水金,立誓金,见面金,和睦金,赔惨不忍睹马,赔遗体裸露马,禳邪超度金,超度送灵金,子女抚养金,女儿出嫁陪妆,一个背骨灰人,一匹驮骨灰马,一匹包骨灰布,赔舅父金,赔祖父金,赔外祖父金,招待热汤一顿,买酒一坛(50公斤)。

在离婚休妻案中有:赔头戴金饰,赔脚戴铃铛,赔兄弟马,赔姊妹马,赔一匹丝绸,招待热汤一顿,买酒一坛(或50公斤)。

在伤害牙齿案中有:赔一块银菜板,赔一把银菜刀,赔一个切肉人,赔一匹道歉马,赔一匹丝绸,招待热汤一顿,买酒一坛。

知识链接

莫木 彝语的意思是调解纠纷,彝族社会的很多纠纷都要请德高望重的德古和苏易进行调解,按照习惯法的规矩,纠纷调解成功后,当事人要拿一定的酬金给调解者表示感谢。

莫达 彝语的意思是纠纷调解成功的接受者和见证人,如有反悔,一切都由莫达的人承担,有些类似于担保者。

热汤 彝语的意译,纠纷调解结束达成赔偿协议后,过错方要杀猪宰羊请受害方和莫木等人士,表示道歉和感谢。

彝族习惯法根据纠纷案件的性质、类别，运用不同的程序，采取不同的赔偿制度，以裁决不同的赔偿方式和赔偿额度。民主改革前的凉山彝族社会里，以诺合头人为主的德古和苏易是各类案件纠纷的调解与仲裁者，习惯法的执行者，同时也是家支中对外冤家械斗的决策者和指挥者。当彝族地区发生民事纠纷、刑事案件时，都由家支组织会议，在德古、苏易或莫魁的主持下调解判决。正是一代一代的“德古”，一次一次的“莫木”场合，一个一个的案例参照，形成了流传后世的习惯法。

知识链接 **莫魁** 凉山彝族社会在民主改革以前，基本都是由黑彝家支分片管理着各个地方。每个家支都有自己的领地和势力范围，都有自己管辖的曲伙百姓，他们共同组成一个利益集团，相互依存。黑彝和白彝之间除了婚姻界限不可跨越以外，非婚姻而起的亲属关系得以建立并代代传承，人们用亲属称谓互相称呼，所有的伦理道德大家共同遵循。莫魁是指曲伙百姓当中的杰出人物，因为他们道德修养好而且在社会上有一定的知名度，熟悉习惯法，遵守习惯法，他们的意见也会被黑彝家支头人所采纳。

凉山彝族的等级制度也罢，等级婚姻也罢，它们都有相对完备的习惯法制度作为行为准则，而这些反映制度文化，都得通过具体的行为方式来执行，包括家支会议在内的家支活动，它们是执行彝族习惯法判决和习惯法执行的具体过程。毋庸置疑，彝族习惯法最公平的层面是在家支内部。在家支内部，社会生活的各个方面都保留着传统的、极为浓厚的部落民主制色彩。不过德古调解纠纷处理案件中能否超越家支、等级和区域中能否保持公正，才是衡量区分这个调解者是一家一支、一村一寨中的苏易，还是一个跨越等级、跨越冤家、跨越民族的大德古的尺码。

▲

彝族斗笠

凉山彝族习惯法正是对凉山彝族家支制度的具体诠释和具体体现，在家支制度和习惯法之间，可以说是一种哲学思想与社会制度的关系，一种发生与发展的关系。

第五章
彝族服饰
光彩亮丽

彝族服饰从款式到佩饰，从色彩到纹饰，都不同程度地反映了彝族民间信仰的观念和意识，折射着彝族文化结构中最深层的心理积淀。彝族服饰除了地域、方言、支系的民俗体现以外，还有历史遗风的延续，性别、年龄、身份的承载，季节时令的适应以及特殊功用的表现。我们大致把彝族的服饰分成凉山型、乌蒙山型、红河型、滇中及滇东南型、滇西型和楚雄型六种。

彝族服饰的特点

彝族服饰除了地域、支系的民俗表现以外，还有各地服饰习俗中反映出来的承袭古装遗风的表现，性别、年龄、身份的表现，季节时令的表现，特殊功用的表现以及民间信仰的表现等，生动地说明了彝族服饰习俗与彝族人民的经济生活、文化传统、心理意识等关系密切，是一种综合性的文化事象。

承袭古装遗风的表现

汉代以来一些文物和文献记载的彝族先民披羊皮、披披毡、着贯头衣、着拖尾服，妇女穿裙，男子头饰“兹体”（英雄结）等习俗，至今仍在一些地区保留和流行，充分反映了彝族服饰的传承性。1963年发现的云南昭通后海子东晋太元年间（386—394）霍承嗣墓壁画所绘头饰“兹体”、披披毡、跣足的部曲形象，与今日四川大小凉山彝族男装颇为相似，足见彝族服饰历史之久远。

彝族传统服饰

披羊皮习俗，在唐樊绰的《蛮书》等文献中多有记载，明清以来的云南方志中更俯拾皆是，而如今在彝区仍广为流行。凉山彝族的羊皮披毡别具一格，即用五张整羊皮制成。选皮要求严格，从喂养开始选5只皮毛一色的幼羊定养3年，尾部的一截毛始终不剪，其余部位每年剪3次。3年后宰羊缝衣，从颈至尾刚好是披毡的长度。这样长毛16.7厘米，短毛3.3厘米，披时毛朝外，底部一圈系盈尺直长毛，上底细卷短毛，以素黑色为珍，黝黑闪亮，威风凛凛，厚重高贵，现仍流行于布拖彝区。而云南南涧彝族中的新娘不论经济条件如何充裕，结婚时必披羊皮。这些都充分反映了传统衣俗和观念在彝区影响之深远。

知识链接 **兹体** 彝族男性头帕上延伸出来的椎髻，汉语称英雄结。英雄结的长短和粗细，因地区和年龄而不同，一般老年人缠得要粗一些，颜色以黑色为主，年轻人的就会打得细长一些，色彩也要艳丽一些。

性别、年龄、身份的表现

首先，彝族服饰民间男女差异是显然的，在样式、质料、色彩、纹饰上明显不同。男式服装讲究实用，质料以厚实为上乘，款式变化较少，纹饰考究而不华彩，色彩较之女服要沉着、素雅一些；而女装式样多姿多彩，装饰繁复细密，质料要轻薄一些。男女头饰的差别更大，一简一繁。此外男式服饰变异较大，滇、黔一带男装多已汉化，而女装保持着本民族传统和风格的为多。

彝族儿童服饰

其次，在不同的年龄阶段，服饰民俗也不相同。大小凉山女子服饰以成年仪式的“沙拉洛”为界分为童装和成年装；而云南撒梅人的帽饰随年龄大小亦有明显差异。从半岁至两三岁的幼儿戴童帽，撒梅彝语称“飘磨卡”，意为飘帽。此帽式前呈扁平状，镶花边，上贴一个翡翠小玉片，帽顶和帽两侧绣着花朵组成的图样。男女童帽不同的特点是女孩儿的帽前檐伸出部呈椭圆形；男孩儿的帽后檐伸出呈燕尾状，故又称“燕子帽”。孩子满3岁时，男孩儿不再戴帽，女孩儿就换上鸡冠帽，其帽状如公鸡冠。未成年的女孩儿帽两侧还绣有圆形或三角形的精美图案，成年后则没有。姑娘成婚后不仅发型改变，帽式也随之改变，戴“沙帕瓦”，彝语称为“来斯坡”。妇女则将发挽成髻盘于后脑，前额顶横放一块状如瓦片的黑绒布，发髻后用篾竹扎成椭圆形竹圈，面绷青纱，下有一长一短纱带。将额前的“沙帕瓦”缠紧，扎于脑后的发髻上即成。

彝族奶奶

再次，彝族服饰习俗中有一些特定的装束，这些装束是特定身份的标志。如过去凉山彝族大家庭中的管家妇之装束略异于其他女子：头戴方巾，后上方高悬一方尺青布延于肩背，随风飘曳；南涧女子头饰为“遮包花”，婚前包头上常顶一块蓝色方巾，而在结婚或订婚后，除方巾以外，还要在后脑加一幅艳丽的遮包花，因此在当地彝族习俗中，送给女家的聘礼一定要有一幅遮包花，女方得到之后，无论是参加打歌还是参加朝山等活动，总要将之佩戴在脑后，以示身份。一般宗教祭司毕摩的服饰也迥异于常人，有黑毡笠、野猪牙项圈、羊皮经袋等。凉山毕摩在祭祀时披的马尾披风，系用49匹好马之马尾编制，色彩乌亮，为彝族服饰中难得之珍品。昭通毕摩的祭祀服扮相则是头戴“勒黑”，身穿长袍，手持“默契”，肩挂仙筒，耳戴法坠等。凉山依诺地区男女都喜戴一种精美的竹编斗笠，但过去在开家支大会时，唯有头人德古、苏易能戴斗笠与会，其他人则不允许。这些都是由特殊身份构成的衣着习俗。

季节时令表现

彝族服饰为了适应不同季节的气候变化，便有不同的服装款式，如单衣、夹衣、坎肩、披毡、擦尔瓦、皮褂等。凉山彝族服装的季节性不强，四季均穿单衣，但为适应气候寒暑变化，男女老幼均必备披毡（彝语称为“杰什”）和擦尔瓦（彝语称“瓦

彝乡初雪

拉”)，昼为衣，雨为蓑，夜为被。此地的毡袜为冬季用品，系用羊毛扞制而成，分有底与无底两种，外穿毡底麻草鞋，既舒适又暖和，保暖性较强。而滇西一带的羊皮褂，晴天毛朝里，雨天毛向外，又挡雨又遮寒，在高寒山区尤为适用。

另外，彝族服饰的季节表现还在于常装与节日盛装之区别，每逢节日，彝族人民都有盛装欢聚之俗。如云南麻栗坡新寨等地男子平时着白布大裙汗衣，青布裤，襟边稍有花饰，包格布头

知识链接

杰什 用羊毛擀制而成的双层披毡，要经过湿润、揉搓、加热再揉搓等工艺处理，再反复碾压，最终毡缩而成。将收缩成型的羊毛毡穿上毛绳，领收紧于双肩，用两片薄木板作为褶板做褶，使其褶皱下部下垂至小腿部位。一般老年人喜欢穿黑色和灰色的杰什，年轻人喜爱穿蓝色和白色的杰什。杰什是彝族重要的礼服，新娘出嫁必须要穿，老人去世也是必备的寿衣。

瓦拉 用羊毛编织而成的披衣，分身、穗、领三部分，无袖，像一口钟，下端缀长穗，长到膝下，也有无穗的，有白、灰、青、蓝等颜色。当地汉语称它为“擦尔瓦”。彝族男女老少时常杰什和瓦拉配套着穿，有些人甚至终年不离身。

弹羊毛擀毡子

帕，节日则着蜡染衣，穿着时一般为3件，衣袖由里而外，逐一短宽，前后襟呈角状，系挑花腰带。而且蜡染衣是结婚时女方亲手染制赠给男方的礼物。那坡彝族节日盛装更是五彩缤纷，有麻公、麻公爸、麻公妈、武士等各式仿古盛装，其中有一种男用挑花腰带，以自织土布为料，两端饰以精美的刺绣和梅花锡片，“跳公节”时，领舞人系于腰间或披在肩上。彝区各地普遍都有常装与盛装。

彝族服饰的特殊功用表现

彝族服饰中的某些款式、样式或设制有其一定的专门用途。如凉山彝族古老的战服和漆皮铠甲，多用于旧时冤家械斗和战争。战服为圆领、右衽、短袖、紧腰。面料多用氆氇或毛织品镶拼，内衬一层棉花。通体密衲，坚实厚重，可御刀、箭。铠甲系用生皮制成的漆绘护身服，分前胸、后背两片。每片又分上下两截，上截前后各由5块硬皮片组成，用以护胸；下截将300多长方形小皮块用皮条缀连成片，状似短裙，可以护腹。其彩漆纹多寓意防矛避箭，保护穿甲人平安、胜利。

即将成型的杰什

贵州赫章县可乐区大坡乡彝族安氏大土司之妻的嫁衣为方袍，其衣长宽各240厘米。据清《大定府志》载，水西地区彝族妇女服饰“……又有方袍，以诸色帛为细方块，绣花卉鸟兽其上，连缀至方，二尺为一幅，方袍用数十幅为之。……是袍也加于诸衣之上，惟新妇于初至之三日衣之，以陪客，平时不用”。表明方袍专用于新嫁娘婚后二天内套于衣衫之上待客，有礼服的功用。

盘县彝族妇女有一种专用于丧葬礼仪的披肩，为花绣饰牌与珠缨连缀而成，专供长子媳妇为死去的父母圈丧“转戛”时用。

贵州赫章安氏土司之妻还有专门用于骑马的绣花骑马衣，衣

短，袖宽博，衣长65.5厘米，肩袖连长119厘米，袖口69厘米，便于骑马行走。

▲

擀毡

而彝区各地的背儿带专用于母亲外出时背孩子同行而用，红河的背儿带既是实用品，又是装饰母子的艺术品，色彩铺陈以红蓝黑为主，与全身装饰相谐和，富丽而古朴，纹样以龙凤花蝶见多，饱含了母亲对孩子的美好祝愿。

彝族服饰的民间信仰表现

彝族服饰从款式到佩饰、从色彩到纹饰，都不同程度地反映着彝族民间信仰的观念和意识，折射着彝族文化结构中最深层的心理积淀。

云南石屏、峨山女长衫后摆、肩峰、袖头等处常补绣火焰纹，盖与彝族先民的火崇拜不无关系。

许多彝区妇女常把虎绣在背布、服饰及其他生活用品上，如楚雄型服饰中背布上的挑花四方八虎太极图、挎包上的四虎图案以及该地流行的虎头帽、虎头兜肚、虎头鞋等，亦大都有崇虎之寓意；贵州毕节彝族妇女出嫁时戴的虎头面罩、乌蒙山型女衫下摆以白色布条或细线盘绕成的螺纹虎头组合图案等都反映出今天的绣虎，来源于古代彝族先民的虎图腾崇拜。

红河型元阳式女装中姑娘所戴的状如鸡冠的银泡帽，因与

雄鸡降妖驱魔传说有关，俗信以为能够避邪，是彝家姑娘祈得吉祥、幸福的象征，俗称为“公鸡帽”。广西那坡女子的大腰环也被当作一种吉祥物和护身符，常不离身。而凉山男子佩胸常以象牙、獐牙、野猪牙、虎爪、白熊爪和麝香包为饰，用以避邪，据说过去还能防枪弹；而经毕摩所念过的符咒布包，彝语称“干比”，则人人皆有，也常挂于前胸。儿童童帽上的纹饰及佩挂的獐牙、香包、子弹、鹰爪之物，据信也可驱邪辟鬼。

以上衣饰习俗都说明了民间信仰对彝族服饰民俗的影响。总之，彝族服饰随着社会的发展，在保持传统的基础上吸收了其他民族的文化因素，得以不断丰富和发展；其世代相沿的传统服饰习俗是研究彝族物质文化的生动史料。

彝族服饰的类型

凉山型彝族服饰

男子发式为传统的“天菩萨”，即蓄一绺长发椎髻于头顶上，大多头上盘缠黑色或深蓝色长巾，且常裹成一尖锥状，斜插额前，称为“英雄结”，左耳戴蜜蜡珠、银耳圈等饰物。下着长裤，并因语言、地域不同而有大、中、小裤脚之分。佩饰最富特色，即为“杜塔”，是斜挎于身上的佩带，用细牛筋编织成带，带面镶以白色砗磲片。

妇女着裙，戴头帕，生育后戴荷叶帽或缠帕。双耳佩银、珊瑚、玉、贝等耳饰，重颈部修饰，戴银领牌。下着百褶长裙，成年裙分为三节，上节为裙腰，中节成筒状，下节多皱褶。多在腰际佩挂三角形荷包，包面精饰各种纹样，下端缀以五色飘带，用于盛物。另在胸前佩戴口弦、针筒以及装饰过的獐牙，信能以之辟邪。

其衣饰的传统衣料以自织自染的毛麻织品为主，喜用黑、红、黄等色，其工艺可用挑、绣、镶、滚等多种技法，火镰、羊角、蕨芨草等图案是其传统纹样。因次方言的不同又分成依诺、圣乍、所地三个样式，以男性裤脚的大中小为差别。凉山男女上衣均为右衽大襟衣。男女老幼皆披“擦尔瓦”，披毡，裹绑腿，套毡袜。

这一地区服饰总的特点是厚重、朴素、保温、耐用、崇尚黑色。凉山彝族有喜爱披毡的传统，披毡有较强的抗寒功能，适合于高寒山区气候，在云南晋宁石寨山古墓群出土的兵器啄上，就有3个椎髻、披毡的男子，在贡纳贮贝器上也有类似的人物形象。

凉山彝族服饰

凉山彝族服饰

乌蒙山型彝族服饰

这种服饰流行于云南省昭通市的镇雄、彝良、威信等县以及贵州毕节市和六盘水市、四川叙永县、广西隆林县等彝族聚居地区。其特点是：长衣长裤、大包头，不重刺绣，仅在衣襟袖口和后摆处用色线色布条作装饰。男女服饰通常为青蓝色大襟右衽长衫、长裤，缠黑色或白色头帕，系白布腰带，着绣花高钉“鹞子鞋”或“鹰头鞋”。男子服装无花纹，出门常披羊毛披毡。妇女服装领口、袖口、襟边、下摆及裤脚均饰彩色花纹及图案，汉语俗称“反托肩大镶大滚吊四柱”，头缠青帕作“人”字形，并戴勒子、耳环、手镯、戒指等银饰，婚后则以耳坠取代耳环，系白色或绣花围腰，身后垂花飘带。个别地区彝族妇女着短衣长裙。

乌蒙山区是古代西南彝族文化的发祥地，这一地区山川险阻，交通闭塞，与外界交往很少，其服饰古朴、独特，较完整地保留了彝族传统风格，与东晋时期昭通霍氏墓壁上所绘彝族装束一脉相承。

知识链接 **昭通霍氏墓** 云南发现的唯一壁画墓，墓室呈正方形，由长方形砂石叠砌而成，边长3米，高2.2米。墓主人叫霍承嗣，建于东晋太平元年。墓中文物发现时已被盗，室内四壁绘满题材丰富的壁画，其中有墓主人、侍从、家丁、部曲、金童、玉女等人物形象，有天、地、日、月、青龙、白虎、朱雀、鹿、三足乌和人面虎身兽等，还有留着“天菩萨”髻，披披毡，赤足的人物，与今天大、小凉山彝族的服饰类似。

红河型彝族服饰

红河型服饰主要流行于滇南红河地区，以建水、石屏、元阳等县最为典型。其服饰特点是种类众多，色彩艳丽，挑花刺绣和银泡镶嵌式服饰的主体工艺，极为精细美观。妇女往往通身绣花，甚至男子的服饰也要“烙通一个洞，绣上一朵花”。所

红河彝族服饰

以这里有“花腰彝，花屁股彝”之称。妇女服饰既有大襟右衽长衫，也有中长衣和短装，普遍着长裤，衣罩外套坎肩，系围裙；头饰琳琅满目，多以银泡或绒线作装饰；服饰色调极浓，并惯用配套的对比色，鲜艳夺目，装饰性很强；图案以自然纹形为多，几何纹次之。男子服饰与其他地方相差不大。

红河彝族服饰

滇中及滇东南型彝族服饰

本型服饰主要流行于昆明、文山，以及同这两个地区相邻的红河州部分地区。女装以右襟、对襟上衣及长裤为主要款式，个别地区着裙；男装上为对襟，外套坎肩，下穿宽裆裤。广西那坡、云南麻栗坡部分彝族还保留着贯斗方袍的古老款式，这款服装仅在节日或举行仪式时妇女穿用。本型衣装多以白、蓝、黑为底色，多饰动植物花纹和几何图案。工艺有刺绣、镶补、蜡染等多种技法。分路南、弥勒、文西三式。

撒尼彝族服饰

滇西型彝族服饰

这类服饰主要流行于云南西部的大理、普洱、临沧、保山等地。这一地区受白族文化影响较大，历史上又是南诏国发祥地，颇有南诏王室贵族华美艳丽的遗风，服饰色彩比较丰富，款式变化很多，制作工艺也比较精细，而且有较多的银饰制品和刺绣纹样装饰。

楚雄彝族服饰

妇女上装多为前短后长的右大襟衣，下着长裤，在腰间前方系腰布一块。腰布上镶滚多层金银丝瓣或自绣图案之花边，其图案有柿子花、牡丹花、太阳花、狗牙花及凤串牡丹，套坎肩。年轻姑娘通常头戴银鼓帽，坠银耳环。妇女结了婚就不戴帽子，改为结发髻裹包头。与妇女服饰相比，男子服饰则要简单很多。男子大多穿对襟无领蓝布衣，宽大的黑布裤。但每人一至二件上好的羊皮领褂是必不可少的。

这一地区服饰，无论未婚或已婚妇女，背上都有一个圆形绣花“裹褙”。“裹褙”用羊毛擀制成，直径尺余，内外两层，中可盛物，上绣两对太阳花，一大一小，对称排列。“裹褙”除用作装饰外，还用以保护后腰，既有欣赏价值，又有实用价值，是彝族服饰中的典型饰物之一。

知识链接 **“裹褙”的来历** 滇西型巍山式女装中有一种称为“裹褙”的佩饰，为直径约20厘米的圆形毡制成，毡面饰绣图案或为两个圆形和两个长方形。相传，从前有几个姑娘为避兵祸，钻进了青华洞，顷刻之间蜘蛛便在洞口结了网，追兵赶到洞口见有蜘蛛网便离开。姑娘们为了感激蜘蛛的救命之恩，就把蜘蛛绣在毡子上，以圆形图案代表，上端的长方形图案则代表两只眼睛。俗信身背裹褙，妖魔鬼怪就不敢从后面偷袭，裹褙便有了驱魔除邪的功用。

楚雄型彝族服饰

这种服饰主要流行于云南楚雄彝族自治州各县及邻近地区。这里是古代各部彝族辗转迁徙之地，现时属东、南、西、北、中、东南部彝语六大方言的交汇地带，故其服饰尤显纷繁多彩。

总体上看，上穿右衽大襟短上衣，下着长裤，是现代女装的基

楚雄大麦地的彝族服饰

本款式。女上装花饰繁多，色彩艳丽，图案以云纹和马樱花一类的花卉为主，多装饰在上衣的胸前、盘肩等特定部位，工艺以镶补、平绣为普遍。妇女头饰大体可分为包帕、缠头、戴绣花帽三类，若细分则有四十余种，而每种头饰又往往成为某一地区彝族的标志。男子服饰日趋汉化和时装化，但仍有不少地区保留着披羊皮褂、着火草和麻布衣的习俗，这是其他地区彝族服饰所罕见的。

知识链接 **彝族贯头衣** 贯头衣是人类服装发展史上的一种古老款式。关于贯头衣的记载最早见于《后汉书·西南夷列传》，该书记载：当时永昌太守郑纯为政清廉，哀牢人每年都要送二领贯头衣和盐一斛，作为赋税，由郑纯转交朝廷。说明贯头衣是当时哀牢人上乘的衣服。青铜器中穿贯头衣的图像见于石寨山出土的纺织场地贮贝器上，其中有两个织布的妇女穿着贯头衣；李家山出土的四乐舞俑中，有一个人穿着贯头衣。

《后汉书·南蛮传》《唐书·南蛮传》中说贯头衣“横布两幅，穿中而贯其首，各为贯首衣头衣”，是一种不挖袖，不上领，由方形布料构成的中华民族最早的服饰型制之一——深衣的前身。这种宽松的服饰源于商周，兴于春秋战国，赵武灵王改深衣为“胡服”后在中原地区逐渐消失。据元、明以来的多种史志记载，彝族妇女上穿贯头衣、下着裙，“衣无开襟，服之自首笼下”，“女衣不开领，缘中一孔，从头而下之”。这种贯头服装在今天云南的楚雄、禄劝、武定、寻甸、红河和广西的那坡等地彝族中仍然能够见到。彝族贯头衣被沈从文誉为“中国服装历史上的活标本”。

第六章
彝族饮食别有风味

民以食为天，彝族依赖自己居住地的自然风貌和生态环境，凭借靠山吃山，靠水吃水的法则，就地取材为我所用，形成了自己独特的饮食文化。无论是让人垂涎的坨坨肉、辣子鸡、坛子牛肉，还是酸菜土豆汤和三七汽锅鸡，都秉承着原汁原味的烹饪准则，让人胃口大开。彝族的餐具独树一帜，特别是凉山彝族木制和皮质的漆器，造型独特，美观耐用。彝族以热情好客闻名，无酒不是席，彝族的酒文化无处不在，所有的社会生活包括婚丧嫁娶，节庆活动都离不开酒。在长期的历史发展过程中，彝族逐步形成了自己独特的饮食禁忌和用餐礼仪。

特色食品

丰富的肉类

烤乳猪 选一头十多公斤的健壮小猪，宰杀后刮毛剖腹洗净晾干，用专门的长铁叉从小猪臀部插入，穿透猪骨，直插至猪嘴，让小猪全身呈扁平状固定在铁叉上。烧一堆炭火，炭火上方支有与猪身长短相近的铁架，将铁叉上的乳猪横放在架上，不停地转动烘烤；当烧烤至猪身冒水汽时，再把猪从架上取下，用纱布将水汽擦干。然后在猪皮上均匀涂抹上稀释的面酱、蜂蜜、甜酒汁、花椒等佐料，重置铁架上反复翻烤，直至整个乳猪的皮呈板栗色，发出浓烈香气即可食用。吃

烤乳猪

腊肉香肠

时可将小猪切成“坨坨”，加料食用。也可将整个烤猪上桌，另放几碟蘸水或其他佐料，各人拿刀，自割自吃。

知识链接 **坨坨肉** 彝族特色食品。将猪肉、羊肉、牛肉或鸡肉砍好，用冷水煮熟后捞起，再撒盐、蒜末、花椒等即可食用。每一块肉的重量均在10多克上下，有一个拳头大小，成“坨”状，故名。煮时“火候”特别重要，“火候”一到即熟，“火候”不到则肉生，“火候”稍过则肉硬。彝族待客必杀生见血制作坨坨肉，其中以仔猪坨坨肉最常见，一般习惯上“坨坨肉”主要也是指坨坨猪肉，味道鲜美无比。

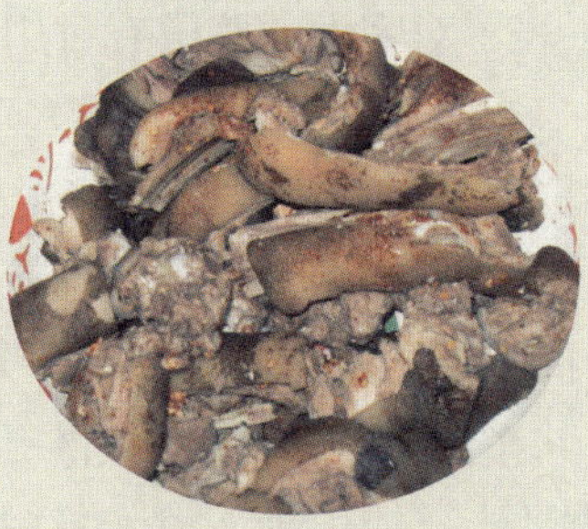

坨坨肉

全羊汤 主要选用肥壮的黑山羊，宰杀后开膛洗净内脏，用火燎去羊头、羊脚皮毛，在炭火上烤黄后用锤锤碎内骨，最后连羊血、肚杂、羊肉全部切块一锅煮。味道特别，无膻味、汤白、味浓、肉香，而且营养丰富。

冻肉 一般是将猪蹄和肘子煮软后捞起，剔去骨头并将肉切碎，放上木姜、生姜、花椒等佐料，有的还放橘子皮或鸡蛋之类的东西，然后放回锅里煮上一阵，以便使佐料渗入肉中，最后放入木钵内，到第二天凝固即成。柔软可口，香味独特，是彝族孝敬老人的一种食品。

辣仔鸡 用1公斤左右的仔鸡，杀后烤好，将肉搅粉碎后加上木姜、生姜、辣椒面、花椒等佐料，和冷开水就可以吃了。原汁原味，味道辣而爽口，肉细嫩鲜美，品后余味无穷。要用高山特产的红海椒，深受彝族的喜爱。

辣仔鸡

香肚 一般彝族过年时，将猪肚拉个小口，清洗干净后装入拌了盐、花椒面、辣椒面、木姜子、大蒜泥的坨坨肉。装好将口子缝合，在缝口上用肠片粘好密封，置通风、烟熏处熏干。只要不漏气，放得越久味越香。煮香肚一般连汤舀在库助（汤盆）里边捞边吃，香肚味鲜美嫩爽，香气四溢，香肚汤浓白如奶。

坛子牛肉 用牛的腿子肉，切成坨坨牛肉加上食盐、辣椒、花椒、木姜子面等调料放入土坛子内，用菜叶封好后再用瓦泥包封一寸厚。然后放在阴凉处等待30天左右就可以吃了。色黄，香味扑鼻。肉外脆里嫩，味道鲜美无比。彝族在有贵客到来时，为了表示对客人的尊敬有时用坛子牛肉招待。

石烙仔鸡 将1公斤多重的仔鸡宰后剔去全部骨头，用刀剁成肉末，再用盐、辣椒、花椒和木姜子面拌和均匀，盛入木钵，把烧得通红的一个鹅卵石夹于肉上，速用另一木钵反扣其上，然后两手持两木钵反复摇动，使鸡肉与卵石反复接触而被烫熟即成。

臼捣仔鸡凉辣汤 将宰割好的仔鸡放进火塘烧熟，洗净后剔出骨头（或连骨）放入石臼舂捣，直至舂烂捣融。个别地方用刀剁碎不用杵臼。仔鸡肉舂捣好后，根据仔鸡大小，将一定数量的红辣椒或烧熟的青辣椒、花椒、木姜子和大蒜放入石臼舂细，并加上盐末兑上适量的冷开水或无污染的高山泉水，搅拌均匀即成。

血大肠 把猪血、糯米、猪杂加上食盐、辣椒、花椒、木姜子等佐料拌匀后灌进猪大肠，两头用细绳拴紧，放进开水锅里煮熟后捞起，待稍冷后切成节食用，味道鲜美，是招待客人和乡邻的佳品。

酸菜鱼 酸菜鱼制作时，将锅中的油烧熟，放进辣椒炸焦取煳味；放上酸菜炒片刻，然后掺上水，放进少许生姜、鸡精等熬汤香料。待汤烧开后将刚剖好的鲜鱼放进汤里煮。起锅时再在汤中加些葱花等即可食用，酸菜鱼吃起来酸辣味、鱼香味俱佳。酸味适度，辣得可口，香得诱人，伴酒就饭都是不可多得的佳肴。

洋芋鸡 选用童子鸡宰杀后用火烧再洗净砍成小块，洋芋要切得比鸡块大一些，量也要多一些。先将干辣椒、大料、姜、蒜、酱等佐料用油炒出香味，放入鸡块炒至出油，再倒上洋芋，翻炒几分钟后即加适量热水换入高压锅内压几分钟即成。

酸菜洋芋汤 将洗净的洋芋切成片或丝，放入肉汤煮熟并煮出鲜味后，下入酸菜，再加盐、辣椒、木姜子面和葱段等调料即成。酸菜一般用圆根、萝卜叶子或白菜煮熟后连汤盛入陶瓷坛子中发酵，过数日后取出晾干再用酸汤煮后再晾干，经过多次反复制作而成。

三七气锅鸡 选仔母鸡一只，宰杀煺毛、去内脏，砍成小块，放入气锅内，加三七、姜片和少许盐，盖上气锅盖。接口处用白棉布围上，再用面糊糊上以防漏气。将气锅置于旺火上，蒸3—5小时，再放点胡椒和味精即可食用。味道鲜美无比，是一道很好的药补膳食。

特色主食

苦荞粑和苦荞饼　苦荞麦只适合在高寒山区生长，含有多种人体所需的氨基酸，是彝区出产的重要农作物。苦荞粑以火烧、汤煮等方式制作，火烧者将荞面和稀揉成饼状后，摊在火炭或埋入炭灰里烧熟；煮汤时将荞面做成饼块放在清汤或肉汤中煮熟。苦荞饼则是把荞面调成糊状放在油锅里烙制而成，也有加鸡蛋和糖烙好后蘸蜂蜜的吃法。

竹筒饭　竹筒饭用新鲜的金竹、香竹、薄竹、甜竹的竹筒做容器，将糯米或香米放入竹筒内，用树叶扎好口子，放入锅里煮或者在火中直接烧烤。到一定时辰，闻到米饭香味之时，即可剖竹享用。

捏荞粑

荞麦丰收

骨头饭 在过年时要吃杀猪饭，剁出一大盘雪白的生猪油，一盘微带瘦肉剁碎的脆骨，将生猪油炼净，去掉油渣，连骨带肉爆炒后，舀上一盆热腾腾的米饭倒在锅里，撒上佐料，三五分钟，一碗碗骨头饭就盛到客人面前。

锅贴乳饼 将乳饼切成块，将鸡肉捶成茸泥拌匀后加鸡蛋清、葱姜汁、味精、湿淀粉，拌至发亮成鸡泥。然后在乳饼上刷上蛋清糊，塌上鸡泥，摊平，用火腿、黄瓜皮丝排成花粘在鸡泥上，再刷蛋清糊，上笼稍蒸定型后用花生油煎至熟透即可。此菜形态美观，色泽黄亮，鲜香软嫩，佐酒尤佳，是云南彝族的传统名菜。

油团 流行于广西那坡彝区的春节食品。正月初一，将煮熟糯米加少量水拌匀，揉成鸡蛋那么大的米团，以红糖、芝麻做馅，油炸而成，象征团圆、吉利、幸福。初一、初二全家共食之。

燕麦炒面 将燕麦炒熟后磨成面即可食用，是过去出远门必带的食物。只要带上燕麦炒面和一个碗，去任何地方只要有水就可以应急，可以调成糊状吃，也可以搅成面团吃，既方便又快捷。

连渣菜

知识链接 **连渣菜** 将黄豆用石磨磨成浆，和做豆腐差不多，只是不过滤加上酸菜水和菜叶就成了。可吃原汁原味，不放任何作料，也可用海椒面等作料做蘸水浇在连渣菜上吃。特点是：清热解渴，色香味俱全，清爽舒服。

火夹乳饼 火夹乳饼是用乳饼与宣威火腿切片而制作的菜肴。乳饼与宣威火腿都要切为长方形，乳饼切片厚薄要均匀，火腿片要略带肥肉，以两片乳饼夹一片火腿，叠放入碗中蒸熟，出锅炉时再浇上汤和鸡油，以豌豆尖作为摆衬上桌。此菜汤清叶绿，饼白肉红，食之香嫩适口，松软柔滑。

知识链接 **青蛙蹲石板** 青蛙蹲石板即青豆米烩乳饼。此菜是用新鲜的青蚕豆米和切成小块的乳饼用汤烩熟后食用，其味鲜嫩，菜式清淡素雅，令人久食不厌。因为乳饼是雪白色，青豆米为翠绿色，云南人就形象地把这道菜称为“青蛙蹲石板”。

红烧鸡枞 选上好的鸡枞四五百克去菌根后洗净，用刀切成丝，再选柿子椒洗后也切成丝。将鸡枞放入四成熟的猪油锅划过，捞起沥油；炒锅留点油，放入柿子椒丝煸炒，再放入鸡枞，加盐、味精、酱油后，勾芡，颠翻起锅即成。

彝族餐具

凉山彝族餐具大多为木制和皮制漆器，造型独特，美观耐用，以黑色作底色，用红、黄等颜色描绘上各种花纹。常用的有木盘、木钵、木勺、木盔、木碗、皮碗、肉盘、饭盒等。

木勺 凡到过大凉山彝族地区的人都知道，彝家人用饭时习惯使用木勺，而不是筷子。木质器皿具有导热性差，不烫手烫嘴的优点。

碗 彝族的碗有木制的，皮制的，还有银制的或金银合制的，圆底、敞口，无底座。木质的一般涂以黑色土漆或黄色土漆，也有在底部画上一个红圆形的球面的。碗外则用彩漆精心绘制鸡肠纹图案。金属质的直接在碗体上刻图案。金银合制的哲惹是难得的工艺品，具有很高的观赏价值和收藏价值。

清朝彝族皮碗

酒壶（萨拉勃） 有木质的和银质的两种。以木制品为例，其制作方法是，壶体木胎选一截圆柱体木筒，从中间均匀地锯成两半，依所需形状挖掉内心，涂漆，然后将两半相对扣合并粘接牢固，即成壶身。壶身的上部一侧有一竹管直插壶底，供人吸酒之用。壶外涂上精美的彩漆图案。装酒时要将萨拉勃倒置，从底部酒口将酒倒入壶内，立正壶身时，酒既不会流出，也不易蒸发。萨拉勃的形状除一般的瓶、壶形外，还有鸽子形、斑鸠形、喜鹊形的，形体多姿多彩，精美大方，是彝族酒具中的珍品，具有较高的欣赏价值，特别是银制的酒壶，更具艺术价值和收藏价值。

彝族餐具

餐桌 精美的彝式餐桌，它同样把工艺美术融入了彝族人民的饮食文化。整体的木胎是一个大圆木墩，经精雕而成，其直径一般只有50~80厘米大小。置于地上放酒菜，众人席地围坐就餐。

肉盘（奢丕） 专盛坨坨肉的木制盘子，高脚、敞口、盘底平而盘边稍向上收拢。奢丕做成后，也需涂彩漆，其图案多为牛眼纹，而盘内多绘鱼纹和钱纹。用奢丕盛坨坨肉，美观高雅且容量大，给人平添不少食欲。

汤盆（枯组） 用一截儿圆木筒，依其轮廓雕刻而成的汤盆。其形为圆锥底座，口径和底径收小，中腹向外鼓出。枯组内涂以黑土漆，外部先涂黑色底漆，然后用红、黄等色饰以彩漆图案。枯组轻便实用，导热慢、保温久，是彝族居家必备盛汤的木钵餐具。

木钵（库姆） 外形近似于枯组，钵体上口略收起、腹外突、底内收，有圆锥底座。库姆不同于枯组的地方是库姆有一个与钵体能完全扣合的钵盖。库姆可用作祭器，盛祭品，为毕摩所用；平常人家多用于珍藏宝物作为工艺品观赏；经济条件好的人家才用之盛食物。库姆盛汤、饭皆宜。盛汤保温良久，盛饭容量大也很美观，亦属华贵餐具之一。

饭盘（梯提） 木制品，专供盛饭用。高脚、敞口、深腹，形似高脚果盘。梯提可盛米饭、玉米面饭，当然更可盛各种饼、馍等主食。梯提具有奢丕的敞口、枯组的深腹两重特点，因其有时需盛饼、馍等，故盘口须大而敞开；而有时需盛米饭、玉米面饭等颗粒状食物，故又需深腹。梯提用一截儿圆木筒精雕而成，制成后也须涂红、黄、黑三种彩漆。它美观、实用，也是彝家人居家必备之物。

鹰爪酒杯 高脚酒杯，因其底座为鹰爪形。鹰是鸟中之王，天空的神，它象征勇敢、矫健。鹰爪因难得而显名贵，故使用鹰爪做成的酒杯更显现出权力与富贵。鹰爪酒杯的杯身如前述高脚杯，杯身下伸出一突锥，将张开晒干定型的鹰爪黏合于此。鹰爪酒杯身也用红、黄、黑三色涂彩而成。

▲

鹰爪酒杯

彝族酒文化

酒是彝族待客、访亲、婚庆、团聚、饯别、贺喜、庆功、感恩、赠别、吊唁时的必需品。彝族人在各种社会交往中，经常互相买酒致意，走访亲友要带酒，参加婚礼要送酒，参加葬礼要送酒，参加宗教仪式更离不开酒，哪怕去探视病人都要带酒。彝族社会信奉万物有灵，近祖崇拜。酒是毕摩、苏尼进行各种宗教仪式沟通神灵的必需品，酒是彝族过年过节，祭祀先祖，祈求保佑的必然贡品。彝族饮酒，在不同场合，不同对象，不同用途，不同条件下，均有不同的饮酒方式，遵循着一定的规则。凡在年节和宗教活动时，第一杯酒，必先供奉祖先和神灵，然后世人才得以饮。彝族社会讲究尊卑有序，长幼有别。彝族社会注重亲情，讲究伦理，将一切社会关系亲缘化，把一切社会关系编织成一张亲属网络，以自己或他人为坐标

◀ 毕摩

互认亲戚，互相称谓。凡遇饮酒场合，先敬尊者和长者，再敬卑者和晚辈。有“铲地由下而上，端酒由上而下”和“酒是老年人的，肉是年轻人的”的习语。有“晚辈买给长辈喝是尊敬，长辈买给晚辈喝是关爱”的趣谈。无论何时何地，酒都是最上等的馈赠之佳品。

酒是彝族迎来送往，结交朋友，联络感情的桥梁。大凡客人到家，主人必先斟酒敬客人，民间有“彝区敬美酒，汉区敬茶水”和“彝族以酒为大”的说法。彝家待客，真诚而大方。彝族谚语有“一斗不分十天吃，就不能过日子；十斗不做一顿吃，就不能待客人”的说法。除了喝酒，还得让客人见血，所谓“见血”，即宰杀家禽家畜。一般招待珍贵的客人，讲究宰杀“四只脚”的牛、羊、猪款待，其次才用“两只脚”的鸡待客。人们之间习惯探询彼此接受招待之情况，受款待之人也津津乐道，乐此不疲。昔日太平天国翼王石达开部行军至彝寨，好客的彝族曾邀请他痛饮“坛坛酒”，以示慰劳，石达开在开怀畅饮后赋诗助兴，留下了“千颗明珠一盏收，英雄到此也低头。五岳抱住擎天柱，一饮长江水倒流”的佳句，至今仍在彝族民间流传。

酒是彝族礼仪姻亲、谈婚论嫁的黏合剂。彝族传统实行民族内婚，等级内婚，“家支”外婚，姑舅表优先婚的婚姻制度。每逢婚嫁，酒成了必需品，来参加婚礼的宾客以“酒足”为敬，“饭饱”则在其次。贵州有的地方彝族婚礼时，由男青年跳舞，大家唱歌伴舞。先唱祝酒歌，男方总管双手分执酒壶酒杯，女方总管只拿酒杯，二人对唱，对歌声止，群情激奋，同跳“阿左舞”。歌舞罢，请众人回院坝中坐好，新郎为每位来宾敬上一杯美酒，新娘围着插有杆杆的甜酒坛舞3圈，表示请客人“咂酒”。于是，众宾客拥至酒坛，轮流用杆杆喝咂酒。小伙子和姑娘们对唱“酒礼歌”，同跳“酒礼舞”。“酒礼歌”是彝族结婚送亲和迎亲时，分别在娘家和婆家演唱的酒歌，也叫唱酒礼；唱的时候要伴随舞蹈，亦称酒礼舞。酒礼歌舞只用于婚礼，丧葬时不唱，属喜剧性歌舞。接亲时婆家和娘家都要请两个能歌善舞的歌手作为演唱的主持人，婆家请的男歌手叫“初署”，娘家请的女歌手叫“歪约”。演唱时除双方歌手外，多是青年男女，均以歌手为主角，欢唱通宵。云南巍山彝族男女相爱，常私下订婚，在约会的地方，小伙子向姑娘敬白酒，表示求婚，姑娘接受，就表示同意，两人要坐在松树针叶上共饮，叫作“吃松毛酒”（南方将松树针叶叫作“松毛”）。男方父母知道后，便请媒人去走求婚的程序。求婚时，媒人去女方家必带一壶酒，称为喝“白话酒”。女方如果拒绝，媒人返回时，要给媒人把酒壶重新灌满，称为“回头酒”。正式订婚时，要用“茶糖合酒”。订婚第二天，未婚夫要到女方家请女方亲友宴饮。婚礼时，天黑后在门前院坝中点起一堆篝火，“酒礼婆”唱“勺果车”（“酒礼舞”的开头歌）后，宾客们开始跳“酒礼舞”：边歌边舞，歌词为赞美父母，祝愿幸福之类的词，人们跳一阵，饮几杯酒，这样周而复始，此起彼伏，通宵达旦，歌舞酒融合在一起，十分隆重热闹。最后，“酒礼婆”唱

幸福时刻

"鼠果者"，婚礼方告结束。婚育后也要用酒庆祝，云南红河哈尼族彝族自治州的彝族每年开春"祭倮"时，当年生小孩儿的夫妇要背着孩子向祭主和寨老敬酒，接受祝福。石屏县的彝族（花腰人）春节后第一个马日举行祭龙仪式。头年生了男孩儿的人家都到龙树下放鞭炮，请众人喝酒。

酒是彝族送死悼丧，排愁解闷，化解悲痛，医治心灵创伤的强心剂。生老病死乃自然规律，彝族人重视死亡忽略出生。很多人不知道自己的生日，顶多知道自己属什么、出生在什么季节，但对死亡尤其在意，特别是老年人去世的场合，尤显隆重。届时所有至亲好友都会前往吊唁，葬礼提供了各路亲戚一起聚会和相互攀比的难得时机，各路姻亲宗族各显神通，充分展示自己，力争获取最佳声誉。丧葬讲究排场，要带酒、鸣枪、杀牛，且多多益善，并以此扬名为荣，人们日常也津津乐道于这些事情。人们对死者的缅怀则通过哭丧调配上即席创作的唱词来表现，人们趁着酒兴，以追忆死者生前的生活轨迹，结合人们的客观评价为内容，或赞美，或叙说，或哀叹，或惋惜，悲悲切切、催人泪下，听者无不为之感动。酒在人们守灵、哭丧中的作用不可低估。

酒是彝族社会各种势力间"喝血酒，钻牛皮"履行政治联盟、军事合作的见证。过去彝族社会"家支"林立，各种矛盾错综复杂，若要缔结联盟必须以酒盟誓。众所周知，1935年5月中国工农红军渡过金沙江进入没有形成统一地方政权组织，由大小互不统辖的若干黑彝"家支"分割统治着的四川凉山彝族地区。中国工农红军先遣部队审时度势，经中央批准，刘伯承司令与彝族果基（沽鸡）"家支"首领小叶丹举行了举世闻名的"彝海结盟"，为红军飞夺泸定桥，强渡大渡河赢得了宝贵的时间，彻底打破了蒋介石妄图把红军变成"石达开第二"的美梦。

酒是彝族调解社会纠纷、化解矛盾的赔偿物和赔罪物。在彝族社会中，酒的功能有时竟与人的价值相提并论，成了"万能"的法宝。因而彝族谚语有："一个人值一匹马，一匹马值一杯酒"以及"世间没有酒不成的事"的说法。彝族"家支"或个体成员间发生摩擦、产生纠纷时，经中间人调停，理亏方往往打（买）酒赔礼道歉，即可消除民事纠纷或双方怨恨。

酒是彝族唱颂“勒俄”“玛木”“克智”等传统文献经典和“打歌”“跳月”等文艺表演的调剂物，《康熙鹤庆府志·风俗》记：“彝俗，饮必欢呼。彝性嗜酒，凡婚丧，男女聚饮，携手旋绕，跳跃欢呼，彝歌通宵，以此为乐戏。”彝族婚丧嫁娶时，姻亲双方会以酒为媒介，就历史文化知识展开竞赛，或背诵经典或即席唱诵，双方难分难解，时常通宵达旦。

豪气

酒是彝族解除疲劳，和血行气，壮神御寒，消毒除菌的良药。酒有多种，其性味功效大同小异。一般而论，酒性温而味辛，温者能祛寒、疏导，辛者能发散、疏导，所以酒能疏通经脉、行气和血、温阳祛寒，能疏肝解郁、宣情畅意；酒为谷物酿造之精华，故还能补益肠胃。此外，酒能杀虫驱邪、避恶逐秽。李时珍在《本草纲目》中说：“面曲之酒，少饮则和血行气，壮神御寒，若夫沉湎无度，醉以为常者，轻则致疾败行，甚则丧躯殒命，其害可胜言哉。”现代科学研究证明，这个论断是有道理的。彝族作为山地民族，酒在某些方面，对于健身、御寒、消毒、防腐、除菌都有特别的益处。

酒是彝族喜庆、尽欢、娱乐、鼓勇、励志气氛所需的催化剂。彝人饮酒，边饮边谈，说天道地，有“话是酒撵出来的，鹿子是狗撵出来的”之谚语。平时内向、腼腆的人，也会因酒而变得健谈，每个人都会即席结合当时的主题，借助酒兴畅所欲言，侃侃而谈。彝族人耻于喝闷酒和哑酒，喝酒的气氛一般都很热烈。彝人饮酒，人多杯少时，就地围圈，一人一口，依次传递酒杯，见者有份儿，俗称“转转酒”。彝人有酒便是席，若有酒又有饭，先酒后饭，俗称“喝寡酒”。彝族绝没有“干杯”之说，

玩火

小口地抿着喝才是有教养的表现。彝人饮酒，要把最后一口留给主人家，以示主人家年年有酒，来日再饮。敬酒劝酒，不予强求。以妇女敬酒为贵，不论任何场合只要是妇女买的或是敬的酒，受敬者不得拒绝。

知识链接 **杆杆酒** 彝语称为“支依”。先将稻谷、糯米、玉米、高粱、荞麦煮熟，再拌入酒曲，发酵后倒入缸中，沿口密封，数月后启封，渗入净水浸泡，即成泡水酒。这种酒饮用特别，将掏空的竹节插入坛中，以嘴咂酒，边饮边加水。竹节多用黄竹制成，用烧红的细铁丝将黄竹烙通便成“吸杆”。因此汉语俗称“杆杆酒”和“咂酒”。

在彝族节庆中，酒也占据着极为重要的地位。火把节期间，年轻的彝族姑娘们会抬着新酿的玉米酒，带着漂亮精致的酒具，到人们必经之道上布下叫“姑娘酒”的酒阵，敬献给来参加节日活动的长辈、朋友、亲戚或是情人。待摔跤、赛马、斗牛等比赛后，姑娘们发现了摔跤手或得胜者，会上去敬酒，唱敬酒歌，表示赞赏和敬慕，被敬酒的男子汉会以纪念品相赠。有种“喝节酒”（也称喝情人酒），每年火把节到来之前，男女青年就忙于“喝节酒”的准备，姑娘买布缝制新衣、新裤、新布带，并买酒藏于特别的地方；男青年攒钱赶制披毡、披风，买花布和黄色雨伞，准备好银制领扣、耳环、耳坠、手镯以及口弦和糖果等礼物。火把节第二天，那些相互爱恋的男女青年，就会找到合适的地方，三五成群地围坐在一起，女方先将酒递给各自的意中人，意中人称赞美酒如何甘洌，再将酒和煮熟的整头小猪和整只阉鸡以及燕麦面等，摆放在各自面前后，穿上情人赠送的新衣，让男女青年朋友欣赏，倾听大家夸奖，男方再将自己备好带来的各种女孩子喜爱的礼物送给自己的情妹妹，然后，男女双方围坐在一起，共享美餐，共同谈天说地，打情骂俏。

凉山彝族过年的3天，每天都有活动，每项活动都要有酒。第一天吃年饭。要杀猪、备菜和祭祀，各家吃年饭。第二天“搜酒”。全村寨的男人们自动结成队伍，挨家挨户去“搜酒”喝，被搜人家都特别高兴，乐于接待，不会拒绝。随后队伍会越来越

知识链接 **南涧跳菜** 云南大理南涧县的彝族跳菜，是无量山、哀牢山一带彝族民间独特的上菜形式，是宴请宾客的最高礼节；是舞蹈、音乐与杂技完美结合的传统饮食文化；是彝族人民用来表达喜怒哀乐的形体语言。“跳菜”顾名思义，即舞着上菜。宴请宾客时，通常用方桌沿两边一溜摆开，宾主围坐三方，中间留出一条“跳菜”通道。“跳菜”者通常用黑漆镏金木盘，每个托盘内装8碗（碟）菜，第一个出场的光头汉子顶着托盘双手拱揖，在“呜—噻噻”的吆喝声中，脚步忽高忽低、忽急忽缓地进入跳菜通道，另一个头顶顶着菜盘，双臂各撑一菜盘（共24碗）的汉子紧随其后入场。在大锣、芦笙、三弦、闷笛、树叶等民乐的伴奏和姑娘小伙“呜哇哩——噻噻”的高腔吆喝声中，他俩脸上作着滑稽可笑的怪相，一前一后跳着轻松、欢快的舞步，翻来覆去，特别喜庆欢乐。另外两位手舞毛巾的搭档，则扮演着各种怪相，形如彩蝶戏花般忽前、忽后、忽左、忽右地为他俩增光添彩。一对托菜手把菜顶托到桌前，由两位搭档把32碗菜摆成回宫八卦阵，每碗菜都像一粒“棋子”，自有定位，全按古已有之的规矩逐一落桌，丝毫不乱。等托菜手一退场，另一位头顶托盘内装12碗菜，口中衔着两柄铜勺，勺上各置一碗菜，双臂各叠5碗菜的“空手叠塔”顶级高手又和着鼓乐声上场。他那一起一落、摇来晃去的舞姿，扣人心弦，人们只能屏住呼吸观看，生怕菜盘掉落。表演者从容自如，重叠在他臂、口、头上的24碗菜，任随他的舞姿怎么变换都稳稳当当，一滴汤汁都不会洒出来。表演者臂、肘、手、口、头功齐用，开张整合，缓急有序，让宾客在“天人合一”之中见美、见奇、见情，令人不能不为之惊叹叫绝。

南涧跳菜

少，因为不断会有喝醉的人退出队伍。“搜酒”队伍走到哪儿唱到哪儿，为年节增添了许多欢乐和热闹气氛。第三天拜年。人人带酒，路上碰到相识者，打开酒瓶请他喝“开口酒”，喝了酒要给一点回礼，并赞美拜年者的酒好。晚辈给长辈拜年，要把村寨里的人都叫来喝拜年酒。小伙子到未婚妻家拜年，那里的姑娘们要联合起来与他饮酒、对歌，如果小伙子败下阵来，就会被抹锅底灰，泼冷水。

彝族待客礼仪

彝族以热情好客闻名，彝族谚语有“客人比主人大三百岁”，“客人不来家，主人无肉食”，“一斗不吃十天，难以生存；十斗不做一顿，难以待客”等说法。彝族人无论贫穷还是富裕，只要家里来了客人，都会慷慨解囊，倾其所有。哪怕家里没有合适的牲畜，都会向左邻右舍赊借，左邻右舍即使心里不情愿，也都会尽力相助。

彝族待客视来客的身份定出不同的规格和档次，一般以远客、贵客、姻亲和异性长辈为尊，以家门、近邻和常客为次尊，以亲表兄弟和表姐妹为最低。最珍贵的客人讲究宰杀三牲（牛羊猪或牛羊鸡），彝语叫“尼哟所总”。民主改革以前只有土司和黑

午餐

▲ 彝族餐

彝才能享有如此之接待，现在生活水平提高以后，只要自己认为是尊贵的客人或者有这份心都在用此方式款待。第二种则讲究杀四条腿的牲畜（羊或猪），尤其以杀绵羊者为多，其次是山羊，最低是小猪仔。讲究成双成对宰杀或一羊一猪再加一鸡为敬，所杀牲畜都要当着客人的面宰杀，绵羊忌讳用刀，要用手掐死，山羊和猪则用刀宰杀。最后一种就是用两条腿的鸡来待客，彝族谚语有“家门来了用公鸡招待”的说法，杀鸡在彝族看来是最低的待客方式。宴席结束后，除了杀鸡的外，杀了牛羊的，临客人道别时都要赠送一块牛羊肩胛骨外配一些荞粑等主食给客人，杀猪的则给客人赠送半个猪头并搭配主食。客人可将此赠物转赠别人（不能转赠给主人家或他的同家族成员），也可以自己带回家。

彝族用餐礼仪

彝家人用餐时讲究男女有别，长幼有序，长辈坐上席，客人坐上席或上方，晚辈只能坐下方的座位；招待客人时，好酒好菜都先敬客人或长辈。彝族人招待客人有“先宾后主再邻居”的风俗，所以到彝家做客必须等主人吃完饭后方能离开。彝族还有“鸡一猪三羊四”的规矩，客人按礼数鸡肉只能吃一块，猪肉可以吃3块，羊肉能吃4块，牛肉则可以尽情地吃。

吃饭时要按先汤后饭再肉的顺序进食，喝汤时注意汤的温度，不要发出响声。切勿将饭菜汤散落在地上。吃肉时要拿自己面前的，不要去拿别人面前的，更不能翻来覆去地挑肥拣瘦。注意与同伴沟通示意，最好大家同步停止进食。

彝族宴客当然有酒、有茶，民间有“汉人贵茶，彝人贵酒”之说。客人来了，主人必然要先敬酒，客人要适时回敬。彝族人喝酒有自己的规矩，喝酒必须有度，俗话说：“喝一杯，值千金；喝两杯，值砣银；喝三杯，狗不如。”按传统习惯，客人不能在主人家里酩酊大醉，儿女不能在父母面前醉酒，女人不能在男人面前醉酒。

彝族饮食禁忌

忌讳食用猫、狗、马、骡、猴、蛙、蛇等肉；忌讳用镰刀割肉吃；忌讳吃被猫、鸡、猪和狗跨过的食物；忌讳吃粮食和蔬菜的种子；忌讳吃搅拌时筷子折断的食物；忌讳拨弄粮食；忌讳吃饭时间来串门；忌讳做豆腐点卤水时外人打搅；忌讳吃饭时说拉屎拉尿等不洁之词；忌讳吃饭时放屁；忌讳吃饭时大声喧哗；忌讳吃没有成型的豆腐；忌讳吃饭开玩笑，让餐具发出碰撞声；忌讳和面时不洗手；忌讳调糌粑时沿顺时针方向调；忌讳烧鸡和烫鸡毛时鸡突然跃起；忌讳磨面时磨心突然断裂；忌讳跨越火塘；忌讳婚礼上打坏餐具；忌讳在吊丧时为吃喝争吵；忌讳参加丧宴时没分到食物；忌讳参加完葬礼后到河里和井边喝水；忌讳做法事时与毕摩共同进食；忌讳吃宰杀前突然叫起来的羊；孕妇忌讳吃獐肉和兔肉；小孩忌讳吃鸡胗、鸡尾、猪耳、羊耳和鸡回肠。

过年过节的日子里忌讳说“杀”，一般的习惯都会说“烧鸡”“抓猪”，以避灾祸。过年过节宰杀的猪羊，如无胆汁、脾为畸形或色变都为不吉。遇到这种情况，都不能用此牲祭祖灵，只有另杀猪羊，或以一只大红阉鸡代之，以避灾祸。过年杀猪后须用蕨草烧，因为火是至高无上的洁净之神，没有被火烧过的猪，祖灵是不会接纳的。所以，用开水烫的猪，最后还必须用蕨草烧一次。过年杀年猪，忌讳乱顺序。按照祖先的规矩，先苏尼、毕摩，后其他人户。其他人户辈数大者为先，依次排列不得越位。

制作待客美食

过年过节时，妇人忌讳接触祭灵台，只有男性主人才有资格用酒肉祭祖宗灵。烧过年猪时，忌讳在屋外用火镰、火柴点火，必须在自家屋的火塘里捡出几颗火炭，在外面引燃，意为屋内火塘里的火才是自己的火，圣洁的火，祖灵的火。

第七章
彝族民居独具匠心

彝族居住的中国西南地区群峰叠嶂，江河纵横，气候多样。在适应自己生存的自然环境过程中，为了追求自己生命的意义，他们尽力顺应自然，有选择地开发自然为我服务，创造性地发明了富有特色的各式民居。瓦板房、闪片房、土掌房、三房一照壁和干栏房都是彝族民居建筑的典型代表。火塘是彝族民居必备的设施，火塘周围的空间兼备了厨房和客厅的功能。彝族每个家庭及其成员都会围绕火塘开展日常家务劳动并履行自己的社会职责。

▲ 彝族村寨

与自然环境息息相关的彝族民居

彝族居住的中国西南地区群峰耸立、江河纵横、气候多样。其居住形式与居住环境与自然条件密切相关，长期的生活实践，使彝族人民在适应自然、合理改造自然的过程中，创造发明了富有特色的各式民居。互板房、闪片房、土掌房、三房一照壁、干栏房等，是彝族丰富的民居建筑的典型代表。

焕然一新的村民新居 ▶

彝族是农牧兼营的民族，村寨的分布与坐落有其独特的传承，这样有险可守，有路可走；高能望远并有水源、耕地以及水草牧场。一般高山区多为散居，平坝河谷地则以集居为主，这是彝族典型的聚落特点。彝族聚落的选址多在地势险要的高山坡地或河谷地带的向阳山坡，环境一般为依山傍水，向阳避风。在高山地带，聚落较为分散，半山和河谷地带则相对集中。由于彝族分布地域较广，各地自然条件不同，使得各地的房屋构造、功用、造型等也不尽相同。

大、小凉山和云南宁蒗等地的彝族，其房屋造型多为一种长方形平房，称为棚子。河谷地区的棚子多采用夯筑土墙，木板作铺，屋内各开间亦用木板相隔；高山地区的棚子则采用竹墙，墙外涂抹泥巴，顶覆木板瓦，房内开间间隔也用竹墙。棚子面宽长，进深短，一般是在长墙中部开门，面宽为3个开间，有方孔小窗或无窗。富裕人家在房屋外围以土墙形成院落，并在院墙修筑碉楼，用以防卫。屋内进门正当中为堂屋，较为宽敞，正中稍偏处设锅庄，是全家烹饪、烤火、议事、待客、息宿之所；堂屋左侧为内室，放木架床和柜箱之类，亦可作寝室；堂屋右侧开间一般作储藏室，储放粮食、柴草和其他生活用品，也可供未婚子女和客人住宿，凉山彝区也有一些三合院、四合院建筑，这类房屋在门楣、梁枋、拱架、木隔板上雕刻有日、月、鸟、兽、花草等图案，极富建筑装饰效果。

贵州彝族村寨多建在平缓的山坡或山间盆地上，每户人家都有土墙或石墙围成的院落，其房屋构造与凉山彝族相近，亦为长

◀ 彝族民居

▲

云南石林彝族民居

方形、内分三开间，所不同者，其火塘或锅庄的位置是在堂屋右边的开间。过去，贵州贫苦的彝民还有一种住房称作“杈杈房”，系用三排顶端带杈的树杆做梁，中排高于前后两排，树杈上置放枝条，使中排树杈形成屋脊，前后排为檐口，再用捆扎的树条做椽，顶盖茅草，房四壁是用树条或苞谷秆做成篱笆。广西彝族的民居也同当地其他民族一样，采用一种干栏式的住宅，即用竹、木、茅草等搭建的竹木楼，人宿楼上，底层圈牲畜。

云南彝族的民居形式较多，较著名的有所谓闪片房、土掌房、三房一照壁等。

彝族是在长期的历史过程中形成的民族共同体。在这一过程中，彝族与其他民族发生的文化接触、交流必然体现在民居建筑中。早在战国时期，楚将庄蹻入滇，楚巫文化西迁，对彝族社会经济与文化的发展起了很大作用。自此，彝族与中原内地长期保持着经济、文化、政治方面的交流，彝族在其形成过程中也融合了相当数量的汉族成分。彝汉人民互相学习，互相融合，友好相处。如《武定府志》记载汉族习俗“与各省稍异者，元旦采松叶铺地，敬客亦然；立夏之日起灰围屋，谓蛇不敢入；六月二十四日夜，束薪为燎燃之，以腥为牲，互相馈赠，谓之火把节”。彝族也吸收了大量的汉俗及其文化。正德《云南志》卷五“楚雄府”说：“罗婺蛮，近年亦有富者，纳粟为义馆及作生员者，共俗渐同汉僰。”明、清时期，由于在坝区屯田及改土归流，大量彝族迁入山区，形成了部分接受汉文化的彝民族群体。正是这种长期的汉、彝文化的交融，使汉文化的影响涉及彝族文化的诸多方面，彝族民居亦不例外。彝族民居的建筑在形式及艺术风格上都受到汉族建筑的影响，从正房的“一明两暗”的内部格局到一字形、曲尺形、三合院、四合院的平面格局，以及房屋的外观造型，都与汉族民居建筑相似。民居建筑中的图案及装饰，内容形式都带有汉文化特征，如在山墙及前后檐下绘花卉、动物等图案，三柱落地有廊檐柱，正厅八尺柱脚石雕，硬山封檐及檐口，大门头上的龙、凤形象等。在建筑技术方面，彝族民居的重檐式、穿斗式和悬山式的木构架，屋脊曲起以及斗拱、端鼻起翅、山墙柱收分、屋面凹曲等，都和汉族建筑有渊源关系。因此，彝族民居既是彝族文化的产物，又是彝汉文化交融的产物。

彝族民居形式

闪片房

闪片房是云南南部山区彝族的一种民居，房屋墙壁是用土石垒成，房顶搭5至7根横梁，梁上覆盖条形木板，并用牛筋、棕绳等固定成顶，此种房屋一般是一楼一底，楼上为一通间，楼下分为3个开间，楼下3开间正中是堂屋，堂屋中央设火塘，左右房为寝室。

土掌房

土掌房是滇南彝族的民居形式之一，是一种夯土筑墙、墙上架梁的平顶土房，亦多为一楼一底，底层隔做卧室，堂屋厨房，楼上储放粮食及一些大的物件。土掌房的最大特点是房顶的建造，先是搭放圆木梁，梁上铺层松柏枝，然后再覆撒一层松毛上再摊一层细泥，最后压一层沙土。这样的房顶可做到防晒、防寒、防雨，并由于其铺建结实，又可作为夏日纳凉的阳台和晒粮

▲

挖土豆的彝族人家

食的晒台。标准的土掌房，一般是三间四耳加2.67米，即上面一排三间起楼，两边各向前延伸盖两间平房，中间留做天井。天井下面横接左右平房又盖一间，面积约2.67米见方，因此彝族人都把它称为“下八尺”，使整座房屋形成前低后高的方形，为了使人们经常上下两耳与正三间楼房便利，把过去的木梯改成台阶式梯子，而大门打开的方向就是依房子的坐向和地势而定，一般是坐北朝南，靠近向阳的地方。

土掌房是一家一户紧挨着，上面干燥而凉爽，青松毛往上一铺，成了天然的地毡，是大人小孩最钟情的去处，孩子们可以从平整的房顶一家跳到另一家，尽情地打闹玩耍。要是村子里一遇到婚嫁，土掌房顶便是上好的宴请场所，松毛上一蹲或一坐，便是上等的喝酒划拳的地方。哀牢山的酷暑是炎热难当的，而土掌房顶上厚厚的黏土恰好是一层上好的隔热层，住在土掌房下冬暖夏凉。

三房一照壁

云南大理、巍山一带彝族主要的民居形式。房舍分主房和两侧耳房，主房高，依山势而建，两侧耳房较低，院中置照壁。主房左右、后三面墙壁为土墙，前面则为木板墙，房顶从后墙向前壁倾斜成一面坡，房檐挑出，以柱承架，形成前廊。主房多为上下两楼，一楼隔为一大两小开间，左边为大间，大间中央设火塘；中间是堂屋，靠后墙处有壁龛，供祖先灵位，右间多为新婚夫妇所居。主房两侧的耳房也多为上下两层，楼下储粮食或住人，楼上存放农具或饲料，前廊堆放柴火或拴母幼牲畜。

冬日

木罗罗

四川盐源、木里和云南宁蒗等地区的传统民居。采用原木纵横交错叠置成井干式结构，构成房屋的壁体，为由下部支撑结构和上部庇护结构组合而成的复合式纯木结构的民居建筑，彝语称“斯界依”。

新居

瓦板房

大小凉山彝区的传统民居房屋。有土墙和竹笆墙两种。上置栋梁，构成房架，双斜面人字形屋顶，盖以木瓦板二层，下层铺满，上层则于两板相砌处置一板，再用石块复压其上。木板用刀剖砍，不以锯解，便于雨水顺木板纹路而下。因木板起瓦之作用，故得名“瓦板房”。

川、滇大小凉山彝族民主改革之前，80%以上的彝族都修这

彝家新寨

种房屋，差别只在于大小和内外的装饰。20世纪90年代后，随着社会经济的发展，瓦板房逐步被砖瓦房屋所替代。

彝族火塘

火塘伴随着人们从远古走来，经历了漫长的过程，它本身不外乎就是炊事、照明和取暖三大功能。火塘是彝族民居必备的设施，每个家庭都依靠火塘生火烹调食物维持生存，特定的火塘和灶具决定了彝族饮食以烧、煮、烤为主要特色。多少年来，彝族地区家庭夜间的照明全靠火塘的火焰，火塘成了最佳的光明之源，需要走动才以松明或火把代之。因为彝区大都属于高寒山区，每到夜晚气温都很低，尤其是冬季大家必须围着火塘就地取暖，否则难以想象。每当夜幕降临，彝家山寨的每户人家都会烧起火塘之火，家庭成员围坐在火塘周围谈天说地，共叙亲情、友情，同享天伦之乐。

彝族民居的火塘兼备了厨房和客厅的功能，一个彝族人从出生、成长到死亡都与火塘息息相关。一个新生命的呱呱坠地，火塘的照明和取暖功能缺一不可。火塘作为一个家庭生活、待客和议事的中心，对于一个人的成长经历影响极大。每个家庭及其成员必然日复一日地围绕火塘，开展日常的家务劳动并履行自己的社会职责。火塘周围可分为内外两侧和上下两方，火塘内侧就是靠着内室（就寝和存放衣物处）的一侧，为主人家的座位，火塘的上方和外侧，则属客人的座位。平时接待亲朋好友或者婚丧嫁娶的时候，主客双方都以火塘为界依次就座，界限分明。彝族传统以客为大，客人受到特别的尊敬，对姻亲对象更是热情有加。一旦有贵客光临，主人家定会拿出美酒并宰杀牲畜招待客人，其间主客双方围绕火塘席地而坐就有关主题寒暄客套，进而交流各种信息、阐述各自的观点，有些活动会通宵达旦。

围坐在火塘边

知识链接 **克哲** 克哲是彝语音译，是彝族的一种口头论辩形式。一方先以谦虚礼貌的姿态夸赞对方，寒暄客套语言得体，进而提出问题，让对方应答。先围绕日常生活常识互相论辩，最后进入到史诗的论辩，以《勒俄特依》等典籍为蓝本，就天地的产生，万事万物的来源，彝族的源流，英雄人物的事迹等等问题考问对方。论辩双方斗智斗勇，时常难分胜负，最终发展到互相猜谜语来决胜负，如果还不能分出输赢，就只能请一个长者代表受众来劝和。

在彝族的婚丧嫁娶中，火塘成了姻亲对象之间吟诗、赛歌的舞台，双方吟唱传统史诗、赛“克哲”，或结合主题即席创作歌词来互相应答，可以二人对决，也可双方以一人主唱一人照样附和的形式演唱，众人在聆听演唱者的美妙创作过程中，既感受到了接受历史和传统熏陶的乐趣，又享受到了音乐和文学创作的惬意。家庭教育、家庭事务和家庭纠纷也都在火塘边进行和解决，各种传统文化借助火塘这个平台得以传播和传承。

火塘的炊事、照明和取暖这三大功能与彝族社会生活紧密相连。可以说一个彝族人的一生都离不开火塘，火塘是他茁壮成长的摇篮；火塘是他学习知识、明白事理、吸取经验的阵地；火塘是他施展才华，联系社会，缔结姻缘，传宗接代的平台；火塘是他获取功名，光宗耀祖的归宿。火塘与彝族的家庭生活、劳动生活、社会生活密不可分。

第八章
彝族节日 欢天喜地

彝族有很多的节日，诸如赛装节、密枝节、马缨花节、插花节、跳公节、虎节等等。火把节和彝历年是彝族最重要的两个节日，火把节一般是在农历的六月二十四这一天过，跟彝族的火图腾有一定的关系。彝历年是彝族辞旧迎新的节日，也是一个祭祖的节日。彝族民间谚语有“火把节是眼睛的节日，彝历年是嘴巴的节日”的说法，火把节期间有很多的集体娱乐项目，诸如赛马、斗牛、斗羊、摔跤、选美等等。到了夜晚，田间地头到处是点燃的火把，真可谓“满天星斗落人间”。彝历年期间，家家户户都会做各种美味佳肴，让人尽情享用。

▲

朵洛荷方阵

彝族火把节

彝族火把节是所有彝族地区的传统节日，流行于云南、贵州、四川等彝族地区。关于火把节的记载有很多，元代李京《云南志略》：

每岁以腊月二十四祀祖，如中州之上冢礼。六月二十四，通夕以高竿缚火炬照天，小儿各持松明，相烧为戏，谓之驱禳。

▲

火把节的火把

火把节

火把节多在农历六月二十四或二十五日举行，一般历时3天3夜。

第一天叫“都则”，要打牛杀猪宰羊祭祀，以酒肉迎接火神、祭祖，妇女还要赶制荞粑粑，在外的人都要回家吃团圆饭，一起围着火塘喝酒，吃坨坨肉，共同分享欢乐和幸福。到傍晚，每家每户都从自家的火塘中引燃一把火把，在火塘上绕一圈，围绕院子和各种畜圈走一圈后，再引燃更多的火把，口中念念有词到田间地头，象征性地驱赶、烧死各种害虫，小孩和青年男女最

知识链接 **朵洛荷** 彝族古老的歌谣，共有十几种唱腔。火把节的时候，姑娘们穿着艳丽的服装聚集到宽阔的草地上，自动围起一个个圆圈，或手拉手，或互相牵着头巾，打着黄伞，踩着细碎而富有韵味的舞步。由领舞者领唱朵洛荷，其他人齐和，一般有几十圈，圈圈都在唱都在跳。

火把节
朵洛荷

后汇聚在一起玩火把、嬉戏游乐，唱“都格拉”等节日民歌。

第二天叫“都格”，天刚亮，男女老少都穿上节日的盛装，带上煮熟的坨坨肉、荞粑粑，聚集到旷野中的火把场，参加各式各样的传统节日活动。成千上万的人聚集在一起，组织赛马、摔跤、唱歌、选美、爬杆、射击、斗牛、斗羊、斗鸡等活动。姑娘们身着美丽的衣裳，跳起“朵洛荷”。当傍晚来临的时候，成千上万的火把，形成一条条的火龙，从四面八方涌向同一个地方，最后形成无数的篝火，烧红天空。人们围着篝火尽情地跳啊唱啊，一直闹到深夜，场面盛大，喜气浓烈，因此享有“东方狂欢节”的美誉。

知识链接 **摔跤** 彝语叫“格”“阿显格”，是彝族地区深受青少年男子喜爱的体育项目。彝族地区的摔跤方式大同小异，全国少数民族运动会设有彝族式摔跤项目。

摔跤

第三天叫“都沙”，意为送火神，意味着火把节的结束。这天夜幕降临时，祭过火神吃过晚饭，各家各户陆续点燃火把走到约定的地方，举行送火仪式，念经祈祷火神，祈求先祖赐给子孙健康和幸福，赐给人间丰收和欢乐。人们舞着火把念唱祝词，“烧死瘟疫，烧死饥饿，烧死病魔，烧出安乐丰收年”。这时还要带着第一天宰杀的鸡翅鸡毛等一起焚烧，象征邪恶的精灵和病魔瘟神也随之焚毁了。然后找一块较大的石头，把点燃的火把、鸡毛等一起压在石头下面，喻示压住魔鬼，保全家人丁兴旺，五谷丰登，六畜兴旺。

火把节

火把节的由来

火把节由来传说不一。一说天神与地神斗争，人们用火把助地神灭虫战胜天神。一说出自《南诏野史》和《滇系》。这两书载：南诏首领皮逻阁企图并吞另五诏，将会五诏于松明楼而焚杀，邓赕诏妻慈善谏夫勿往，夫不从而被杀，慈善闭城死，滇人于是日燃炬吊之。火把节的由来虽有多种说法，但其本源当与火的自然崇拜有最直接的关系，它的目的是期望用火驱虫除害，保护庄稼生长。

火崇拜与祭祀

在彝族地区，对火的崇拜和祭祀非常普遍，火被彝人作为某种具有神秘力量的超自然现象而加以崇拜，而火崇拜又以火把节等祭祀仪式表现出来。滇、川、黔、桂各地的彝族都有敬火的习俗，乌蒙彝族认为有3个司火之神，火神叫多斯，火塘神叫苦鲁斯，灶神叫格白斯。在他们的观念中，灶神和火塘神是善神，专司人间温饱，对人有益无害；而火神则是恶神，时常降灾于人，人们认为一切火灾都是火神引起的，人们十分畏惧它，敬而远之，在家里也没有安火神的神位；对火塘神是敬而不祭，也不设神座；对灶神则特别隆重祭祀，每逢节日都要烧香献饭，祈求他保佑家庭灶火兴旺，煮饭多涨饭，煮酒多出酒。

彝族毕摩在做各种宗教仪式时，必先在门外点燃一堆烟火，再开口念唱经文。毕摩和苏尼进行各种宗教仪式时，首先开始的除秽仪式都是从锅庄石开始的，他们在享用各种食品前，都要象征性地舀一点到火塘中以示敬火神。

▲ 火把节

贵州彝族有的在火塘的左方靠墙之处，安放一块石头，彝语叫“姑鲁痴”，意为火塘神，每逢祭日，都要奉以酒、肉，烧香化纸敬祭。云南巍山县马鞍山区木古鲁村的彝族在每年的大年三十晚上和大年初一早上要祭献火塘。三十晚上，他们在火塘左边插上一炷香表示祭献灶神；第二天早上继续插香，并在四周洒上火炸的苦荞花和糯米花，代表祭献给火神的金钱和银钱。接着做

知识链接 **选美** 每年火把节的时候，彝族会按照自己传统的审美标准选出一定区域的美女。彝族以瓜子脸、肌肤白里透红、眉弯长睫毛、双眼皮大眼珠、鼻梁高且直、牙白唇薄、长脖颈、手指细长、身材匀称为美。当然还要参考平时的心灵手巧程度，彝族对于内在美更加注重。

◀ 火把节选美

▲

撒尼彝族姑娘

大汤圆，平年做12个，闰年做13个，做好煮熟后装在一个盘子里，由家人端着到火塘边拜3拜。云南永仁彝族正月初二或初三举村祭火，名曰“火神会”。云南泸西彝族农历正月初一和六月二十四祭火塘，饭前由家庭主妇选一块最肥的肉，投进火塘烈火中，以祈求火神降福去灾。峨山彝族自治县塔甸乡大寨的彝族纳苏人认为，夜晚走亲串门来回路上不能同时点两把松明火把，只有鬼才点多把火于晚间奔走。而且，回到家门时，要往背后吐几口唾液，把污秽、恶鬼挡在门外。同样，这里的人们用松明引燃灶内柴火时，也只允许用一个火引子，否则会招来孤魂、野鬼前来作祟。

2006年5月20日，彝族火把节被列入第一批国家级非物质文化遗产名录。2014年11月1日，在广西壮族自治区梧州市举办的第五届中国民族节庆峰会上，“中国·凉山彝族国际火把节”获得由中国人类学民族学研究会、国际节庆协会、中国民族节庆峰会组委会颁发的“最具国际影响力节庆奖”，并在评选中排名第一。

彝历年

彝族年是由彝族太阳历的第一个星回节转化而来的一个重大的彝族节日，彝语叫“库史”。彝族过年始于何时，现已无从考察，相传有两种原因，一是彝族历史上有十个月为一年的太阳历，按太阳历计算，十月份为年终岁首，正当过年，故习惯上又称“过十月年”。二是因这个时候，彝族地区庄稼都已收割完毕，农事空闲，正宜过年。彝族“库史”除了有辞旧迎新、庆贺丰年等意义外，人们认为过年这几天祖宗都要回来与子孙一起过年，享受子孙的献祭，所以彝族年也是一个祭祖的节日。彝族年一般是在每年的农历十月（彝历兔月）过，至于日期则各地自行选定，没有统一的日历。一般认为在十二生肖纪日中以属猴、狗、鼠、虎的日子为吉利，都可选作过年的日期，其中如果遇着“塔波”那天，则会更加圆满。

知识链接 **“塔波”** 指昴宿（六姊妹星）与月亮相会的那一天，它们每28天会合一次。选择这么一天迎接祖宗回家过年，更显吉祥。

描绘新生活

烧年猪

过年准备

彝族人每家每户都会精心饲养自己家的过年猪，年前就得准备各种年货，其中特别要把各种酒类备足。年前要搞一次大扫除，房屋内外都要清扫干净，所有的炊具和餐具都要彻底清洗消毒干净，把各种旧衣服洗涤归类，给孩子们准备一身新衣服。还要察看灵牌是否正常，如有问题就得请毕摩做仪式补救。每家都要在院子里堆一堆过年的柴火。

2013年普格赛猪膘第一名

三天节日

彝族年一般要过3天，这3天各有名称，各有特定的活动。

第一天叫“库史”，这一天的活动主要有杀过年猪、祭祀祖先和吃年饭。“库史”这天大清早每家都要在家门口烧起火堆，以向祖宗通报过年的信息。女人们忙着烙荞饼，准备好烧烫猪毛的厥芨草、松毛和水，男人们忙着磨刀，孩子们则按捺不住心中的喜悦，蹦蹦跳跳，真是喜庆。一个村子要依尊卑长幼的顺序依次杀过年猪，杀过年猪的人必须由纯洁无邪者担纲，凡是杀过人，打死过乌鸦、猴子、猫、狗的人都被视为不洁之人。杀完过年猪，立即取出猪肝和一些肉烧熟后，放到神龛上祭献，同时也把猪胆、脾和猪头等一同放上献祭，彝语称“搜木经起”。一边献祭，一边念念有词：“今天是好日子，请你们继续赐福给我们，保佑我们来年身体健康、五谷丰登、六畜兴旺……”用过年猪的胆、胰、尿包占卜主人家的吉凶，以猪胆饱满、色泽好，胰平展、无缺陷，尿包丰满为吉祥，预示来年人畜兴旺，家人安康，粮食丰收。到下午时分，人们就开始尽情地享用彝式大餐，尽情吃喝，有“过年三天是嘴巴的节日”的谚语。

彝族过年

煮肉

第二天叫“多博”，这一天的活动，大人们挨家挨户相互道贺，男人们成群结队地到每家每户道贺喝酒娱乐，妇女留在家里接待客人，小孩儿都带上自己家的猪蹄，到野外去聚餐，彝语叫“窝西那古个”，这是彝族过年期间孩子们最高兴的一项娱乐活动。

知识链接 **窝西那古个** 彝语玩猪脚的音译，是彝历年的一种习俗。彝历年的第二天，各家各户的彝族小孩儿都会带上头天宰杀过年猪的猪脚，集中到野外的某个地方一起野炊，小孩儿们互相比谁家的猪脚大，谁带的食物好吃，谁的衣服漂亮。大家一起玩捉迷藏等各种游戏，互相追逐嬉戏，到夜幕降临了才各自回家。

野炊

第三天叫“库史波祭”，意思是欢送祖宗离开。全家人围坐在火塘边。上半夜，大人们认真吸取过去生产生活中的经验教训，精心策划来年的生产生活蓝图。鸡鸣时分，家家户户都做好各种献祭的食品，让祖宗享用后尽快上路。家长叫孩子们端上装有一把玉米、一把豆子、一把燕麦的小簸箕到院坝，将玉米、豆子、燕麦向东、南、西、北往上簸起，同时学马叫、学猪叫、学牛叫、学羊叫、学鸡叫，并大声呼唤马、牛、羊、猪、鸡等牲畜。然后把簸箕里的玉米、豆子、燕麦撒进畜圈里，以示来年六畜兴旺。这3天过后，就要纷纷去外地给长辈拜年。

第九章 彝族宗教独具特色

宗教源自我们有限的人心中对“无限”的渴慕，源自我们对浩瀚宇宙的敬畏和无限生命的提升和超越。彝族人特别关注我们最终要去哪里？他们将宇宙理解为四个世界，人界、神界、鬼界和祖界，四个世界之间互为因果。他们笃信人世间的一切灾祸，如疾病瘟疫、旱涝灾害等等都是凶鬼作祟所致。要应对人世间的种种灾难和不幸，就得由神灵和人类之间的媒介毕摩和苏尼举行各种仪式来对付，转危为安。彝族人信奉万物有灵，把近祖亡灵超度送回祖宗发祥地的“尼姆撮毕”仪式，是彝族人精神信仰中的核心成分。

彝族的民间信仰

彝族的民间信仰属于原生型民族民间宗教，俗称巫教，其中包含着原始崇拜的成分，也混杂着佛教、道教和儒学乃至基督教的影响。彝族人信奉万物有灵，遵循自然崇拜和先祖崇拜。彝族人将宇宙理解为4个世界，人界、神界、鬼界和祖界，人界跟其他三界密不可分，人世间的所有喜怒哀乐都与之有关。神、鬼两界是导致疾病和死亡的主因，祖界则顶多祸及牲畜和家禽，再严重一点也只不过会引起小小的健康问题，最为常见的就是一种称为“皮能”的小病，一般表现为因为平时和节日供奉不妥招惹祖先的愤怒而引起的肚子疼痛和其他身体不适，不过此类痛苦都可以通过重新供奉请求饶恕的方式得以解除。

彝族人认为鬼按年龄可分为成年鬼和未成年鬼；按性别分为

毕摩做仪式

▲

毕摩

男鬼和女鬼；按等级分为兹伙鬼、诺伙鬼、曲伙鬼；按民族可以分为汉族鬼、彝族鬼、藏族鬼和其他民族鬼。也就是说不同类型的鬼有着不同的力量，他们对病人或灾祸的危害程度有大小之不同，人们可以根据伤病和灾祸的厉害程度提出自己的解释，进而在选择所要做的仪式来解除痛苦时也就有了繁简之分，最终在众多的经文和仪式中选择合理的搭配来组织运行。

在彝族人的信仰实践中，仪式的神圣性表现得非常突出，从新生命的诞生到最后的慎终追远都离不开各种仪式，诸如命名仪式、成年仪式、订婚仪式、结婚仪式、祛病仪式、祈福仪式、消灾仪式、丧葬仪式等等。神鬼两界能够主宰人们的生死大权，祖界可以帮助人界去消弭和抵抗神鬼两界对人界中自己子孙的伤害。也就是说，神鬼祖三界对于人界都有同样的权威性，彝族人都在敬畏神鬼两界和乞求祖界的心灵历程中完成自己的人生使命。彝族的民间宗教在当代一般都是非政治化的，是彝族传统文化的精神依托，并与民俗文化融为一体，是民族意识和民族凝聚力的重要体现。由于历史和现实的原因，贵州威宁、赫章和云南楚雄、武定、禄劝等地区的一部分彝族人已改信基督教。

彝族土主崇拜

土主，彝语叫咪司（“咪”是地，“司”是主或神）。彝族认为，土主是地上最大的神灵，他掌管着本乡本土的庄稼丰歉、人畜灾病和草木枯荣等事项。彝族聚居的村寨一般都建有土主庙，庙堂面积一般在10平方米左右，小的约1平方米。土主庙无论大小，所供的神祇为3个：左山神、右土地、土主居中。塑的土主形象可以分成3种：一是人形，以南诏君主细奴逻、阁逻凤、异牟寻、佑世隆或当地英雄人物如李文学、杞彩顺等为土主；二是塑成虎形；三是塑成三头六臂的大黑天神形象。住在深山老林的彝族大多不设土主庙，他们会在山间坪子选3棵大树，分别象征土主（咪司）、山神（白司）和主管耕作的土地神，在树下设坛祭祀。

每年夏历的三月十三或六月初六，或在灾害严重、人畜瘟疫时，都有十里八乡或自家进行祭祀的习俗。每遇家人久病不起或长期困倦，认为是魂不附体的时候，就要到土主庙宰杀一只大公鸡，为患者叫魂；猎人去打猎前也要到土主庙烧香求土主保佑获取猎物；猪马牛羊等牲畜下崽后，也会在圈门遥祭土主。

相传，南诏开国君主细奴逻早年耕作于云南巍山县境内的魏宝山，太上老君对其进行考察，认为合格后，用玉手杖在其犁柄上敲了13下，从而得了世传13代的江山。细奴逻死后，太上老君又封他为地上最大的神，也就是土主神。今天巍山县的魏宝山的山腰，还保留有始建于唐开元元年（713）的土主庙，原是南诏国王盛逻皮专门为供奉其祖父细奴逻而建的，细奴逻的神名叫巡山土主，故大殿名巡山殿。

彝族近祖崇拜

彝族人认为，人是有灵魂的，生前灵魂在活人体内，彝语统称为“依娜”。男性的灵魂叫“秋斯”，近似于财神或运气，女性的灵魂叫“格非”，相当于生育神。人死后就会变成3个灵魂，一个滞留于焚场或坟场，一个在家中供奉的祖灵上，一个回归到祖界与先祖灵魂相聚。无论哪个魂灵如果得不到子孙的祀奉，都会嫁祸于人。

知识链接

依娜 彝语灵魂的音译。彝族认为人如果魂不附体就会生病。

秋斯 彝语男性运气的音译。一个男性成员的生活境遇跟秋斯的强弱有密切的关系。

格非 彝语女性生育神灵的音译。女性能否生育乃至多子多福都和格非有紧密的关系。

做祭仪

近祖亡灵既可以降祸于人，也可以赐人福禄。彝族人认为，人死后好人变成善鬼，坏人变成恶鬼，不好不坏的人会变成“相间鬼”。认为凶杀、自杀或暴死等非正常死亡的人都会变成恶鬼加害于人。彝族人笃信人世间的一切灾祸，如疾病瘟疫、旱涝灾害等等都是恶鬼作祟所致，一旦遇到疾病和灾祸，都会请毕摩和苏尼来作法驱鬼，即使没有什么，为了防患于未然，也会不定期地请毕摩来做法事。人们会通过各种法事来降服恶鬼，宽待相间鬼，安抚善鬼。

彝族人把善鬼当成神，善鬼中最好的就是自己父母或近祖灵魂的化身，自己的近祖灵魂可以幻化成“吉尔”，“吉尔”可以附着在某个宝物上，也可以存在于虚无缥缈中。总之它可以保佑自

▲

念经

知识链接 **吉尔** 彝语守护神和保护神的音译，有些吉尔无影无踪，有些吉尔则会依附在某个物件上。

己的子孙平安富贵，心想事成。

彝族人以非常虔诚的心情对待自己的近祖灵魂，对近祖灵魂的崇拜超过其他一切神灵。近祖崇拜在彝族人的丧葬习俗中得到充分体现，所有的活动都是围绕近祖灵魂得以安宁和魂归故里而展开的，整个仪式过程完全是宗教化的，所以彝族人无论家境贫富，都会尽其所能办理父母的丧事，做好所有的祭祀仪式。彝族人重死不重生，他们的丧葬仪式特别庄严神圣而且奢侈浪费，讲究杀多少牛，打多少枪，放多少炮。这种过分的场景，主要还是源于近祖崇拜的观念，一方面表达感恩，是对逝世的亲人表达孝敬之情；一方面因敬畏而依赖，是祈求近祖灵魂日后能够庇佑子孙事事顺心的利己心理使然。

彝族的毕摩与苏尼

毕摩和苏尼都是彝语的音译，因彝语方言的差别，使得在汉文史籍中出现不同的汉译名称。

毕摩是彝族社会中能够释读经文的祭司，在彝语中，“毕”有诵经之意，“莫”意为长老，毕摩也就可以直译为“念诵经文的长者”。毕摩都要通过师傅带徒弟的方式，经过严格的培训，包括彝文的学习和写作，彝文经典的背诵，观摩各种宗教仪式的程序和实施并身体力行，最终才能获取单独执行宗教仪式的毕摩资格。毕摩只能男性担当。毕摩除了经书以外，还须拥有法帽、法衣、法扇、法铃等法器。

▲

毕摩经书

苏尼则类似于巫师和萨满，男女都可以充当，彝族有谚语说“不疯就成不了苏尼”。也就是说，一个正常的人某一天由于神灵附体而疯疯癫癫，语无伦次，人们就认为他已被神灵看上，只得请毕摩为他做一个仪式，为他做一个羊皮鼓和法铃，让他从此以后就与神灵一道为人界驱鬼治病。苏尼跳神做法时，通过摇击神鼓和法铃与神灵“阿萨”进行沟通。女苏尼作法舞蹈优美轻盈，男苏尼的舞蹈则疯狂粗犷，他们都能做出一些超常规的动作，让人感觉神秘和诧异。

毕摩和苏尼都是连接人界和祖界、神界与鬼界的中介，他们在彝族社会生活中的角色特别重要。毕摩是彝族社会中宗教仪式的执行者，他们的身份职位常常来自子承父业的学习和拜师学

知识链接 **毕摩法器** 毕摩的法铃彝语叫毕居，是用铜做成的钟状摇铃，毕摩做仪式时一边念经，一边摇铃。毕摩的法扇彝语叫切克，用竹片编制圆形，顶端有鹰头，手柄刻有虎的图案。毕摩的法帽叫洛布，用竹编成，要在帽檐上粘上一层毛毡，顶部贴上一个白银圆圈。毕摩的法签筒彝语叫物土，用木料做成，中空，底部有“叉”形而尖，上有盖，内装单数竹签。这几样法器是每个毕摩必须配备的宗教物件。

毕摩的神扇和铜铃

习，他们从老毕摩那里学习一套定型的和标准化的仪式知识，再把它传授给后继者。

苏尼也是一个宗教仪式的执行者，他们的力量来自于超自然力的直接交往，即通过神的敲击点化，而不是来自继承权和熟记的仪式。毕摩所做的法事简称为“毕”，苏尼所做的法事简称为“尼”。“毕”和“尼”是两种不同的与灵界互动的行为方式。毕摩的身份和力量来自于继承和学习。苏尼的身份和力量来自于超自然力。

在现实生活中，苏尼有“普通尼”“职业尼”和“尼毕兼具尼”三种，“普通尼”彝语为“卓卓尼”，是指不经过毕摩的认定而自称“尼”的人，“职业尼”就是已经通过毕摩的认定而被大众认可的职业苏尼，“尼毕兼具尼”就是既具备毕摩的特征又具备苏尼的特征的混合型苏尼，彝语叫“尼毕滋”，一方面他们有毕摩的家族渊源；另一方面又有超自然力的辅佐。这三种苏尼都可以在自己的能力范围内执行特定的仪式，而区别仅在于唱词的丰富、舞姿的优美和仪式的繁简程度。

苏尼表演

在彝区苏尼同样有“尼折”（尼的家族遗传）这样的“家学”渊源。彝区的毕摩和苏尼都可以举行公益仪式，也都可以为病人治疗，“毕”的传统在于咏经，在于秩序的建构，在于理性的解释，而

“尼”的传统在于舞蹈，在于秩序的破坏，在于非理性的体验。

人界的毕摩、苏尼乃至普通的个人都可以通过仪式影响与其他三界的互动来实现已经被打破的平衡的恢复。毕摩、苏尼、个人之间的区别在于他们与灵界沟通层次和互动方式而已。

在彝族人的宗教实践中，仪式的神圣性表现得更为突出，他们是通过毕摩身份的世袭原则和苏尼身份的神秘原则来强化的，当然，仪式程式的复杂和技巧的娴熟，再加上传承人的个性则更让人们眼花缭乱，对于似近非近的宗教世界更加深信不疑。

彝族禁忌事项

彝族有诸多的言行禁忌。如：忌讳对婴儿用“胖”“重”“漂亮”之类的溢美之词；忌讳在他人面前说小便、大便、生育之类的话；忌讳在语言中说性器官和与性生活有关的话语；忌讳公公和儿媳、哥哥和弟媳之间开玩笑，更有甚者还要避让。忌讳与毕摩和苏尼嬉笑打闹；忌讳家人外出时说不吉利的话；忌讳恶语诅咒他人；忌讳骑马遇人不下马；忌讳孕妇来往于他人婚礼；忌讳未满月的婴儿碰见狐臭之人；忌讳用脚蹬锅庄石；忌讳把粮食拿在手中抛玩；忌讳打大雁和布谷鸟；忌讳听到乌鸦叫；忌讳白天点着火把到处走动；忌讳从屋里相继点着两把火把走出；忌讳家人出门后将垃圾扫出门；忌讳夜间吹口哨；忌讳踩踏别人的影子；忌讳砍神树或在神树旁高声喧哗打闹；忌讳把锄头和斧头一起扛或搁放在一起；忌讳当着对方的面折断树枝、吐口水；忌讳当面打鸡、打狗、砍扫把、拍打头帕；忌讳抓摸男子的“天菩萨”；忌讳妇女抚摸男人的头；忌讳妇女跨越男人帽子；忌讳妇女上屋顶；忌讳有生育能力的妇女把自己的衣物首饰送人。

凉山彝族还有什么日子不能做什么的时日忌讳，如：属鼠的哪天不能送灵；属牛的哪天不能娶亲；属虎的哪天不能立房；属兔的哪天不能做重要的事；属龙的哪天不能种地；属蛇的哪天不能做宗教仪式；属马的哪天不能建房；属羊的哪天不能治病；属猴的哪天不能缝制衣服；属鸡的哪天不能理发；属狗的哪天男性不能出远门；属猪的哪天女性不能出远门。

还有一种叫“苏非”忌讳。“苏非”指怪异的事项，如：蛇进屋；蛙入灶；母鸡像公鸡一样叫；母鸡自食其蛋；母鸡属猴哪天下蛋；母猪属蛇哪天下崽；母猪下独崽；母猪自食其崽；乌鸦栖屋顶；老鹰立屋顶；老鼠溺死在水桶中；鸡毛卷草；猪尾巴裹着泥巴；狗尾巴缠在门槛；牛尾巴缠于树；鸟屎落在人身上；女性突然上了屋顶；做客脱裤子睡觉等。彝族人认为碰到“苏非”就不吉利，一定得请毕摩做法事消除晦气。

彝族的尼姆措毕仪式

祖灵信仰是彝族传统信仰的核心内容。在众多的祭祖仪式活动中，尼姆措毕仪式因其规模大、类型多、内容丰富、程序复杂而最为充分地体现了彝族祖灵信仰的观念、情感和行为。一般以家庭、家支（宗族）为单位，在葬礼之后的一年到数年之内，按一代送一代或几代的传统方式，在冬日农闲时节由家庭自行或家支集体延请祭祖毕摩来举办，通常须在彝族新年与汉族春节之间择吉日进行。

过去尼姆措毕仪式要延续7至9日，而现在大都简化为3天，整个活动由数十种仪式程序构成，须请数位乃至十多位“尼姆毕摩”（祭祖毕摩）共同主持。仪式规模视所送亡灵的灵牌数目而定，尤其是家支集体举行的送灵大典，涉及几代亡灵中的数位或十多位祖先，那么与这些祖先有血缘、亲缘联系的人们都会参加仪式活动，少则几百人，多则上千人。彝族尼姆措毕仪式是子孙后代孝顺和缅怀先祖与否的具体体现，人们信奉祖界的存在，祖界在川、滇、黔、桂彝人的观念中均共同指向“六祖”发祥地。

彝族有“娶媳安家是父亲欠儿子，尼姆措毕是儿子欠父亲”的谚语，父亲必须为儿子娶妻生子，实现自己生命的延续，儿子必须让父母的亡灵回归祖界，实现亡灵成功地升华从而享受亡灵世界的欢乐。更何况，先祖的亡灵是否魂归故里，是否安适清洁，都会影响和左右子孙后代的祸福兴衰，所以，献祭和祈祷就成为彝族世俗生活中必需的功课。尼姆措毕仪式中安灵、净灵和指路送灵是仪式的重要环节。安灵牌，彝语叫“玛度果”，等逝者安葬完后选一吉日到野外选一棵长势挺拔的竹子，献完祭品后连根拔起，去掉竹梢带着竹根到坟场按男性顺时针9圈、女性逆时针7圈，绕完之后回家，由毕摩念经并把竹根削成谷粒般大小，用纯白的羊毛裹住，男性祖灵用线由上而下绕9圈，女性祖灵由下而上绕7圈，再插入水枣树木杈中用麻线扎紧，举行清洁仪式后挂到火塘左上方的竹篾上供后人献祭。安完灵牌后，一般根据后人的经济情况和祖灵与子孙的岁宫和命宫择吉日举行尼姆措毕仪式，也有尼姆措毕时才赶做灵牌的情况。

知识链接 **玛都** 彝语灵牌的音译。毕摩选一根野水枣树木棒，在木棒的上端劈一个缝，把按仪式规矩找来的竹根包好后放入木棒缠好。再把做好的灵牌插在家里神龛上面的墙上。过年过节的时候要查看是否正常，如果出现异常，就要请毕摩做相应的法事。等做亡灵超度的时候再把玛都彻底送走。

灵牌(玛都)

尼姆措毕仪式程序

尼姆措毕的仪式大致有这么几个程序：

一、咒鬼怪调和神明。意思是要帮被超度的祖灵解邪除害，去除祖灵死时所受的伤害痕迹。另外还要告慰各路神明，让他们鼎力相助或者退避三舍，只能帮忙不能添乱。

二、饯别祖灵，劝慰祖灵。先人对于子孙后代的养育之恩难以言表，告诉祖灵子孙后代遵照你们的教诲，个个聪明智慧，有修养有能力，个个在你们的庇佑下，靠自己的双手勤劳致富，有足够的能力安身立命，有足够的财力为祖灵献祭物，劝祖灵愉快地离开家里，平安抵达祖界高升为宗神，保佑子孙后代人丁兴旺、五谷丰登、六畜兴旺。

三、迎送祖灵“骑马”进入祭场青棚。毕摩要在青棚内念诵《祛邪经》，登记各位祖灵的名字，将祖灵牌一一在净水中洗涤，然后围绕青棚转圈，先是毕摩转，然后主人们以血缘论资排辈转。

四、展示祭品。为了显示晚辈子孙对先祖的孝心，每家都会选择上好的没有任何生理缺陷的牲畜，包括黄牛、绵羊和猪来祭献。所有的祭品都要牵着站在祖灵的下方，由毕摩念经并一一通

▲

毕摩

报给先祖然后宰杀，以直系亲属和旁系亲属的顺序，按辈分高低，牲畜分类排列。

五、灵牌换入新的祖灵筒。祖灵筒用劈开直径约两寸，长约六七寸的白桦树制作而成。将原先分开制作的亡祖灵牌打开取出，经过净洗除污，把亡祖夫妻一同放入新的祖灵筒，男灵居左，女灵居右，让亡灵夫妻再次团聚，进而找到自己的归宿。

六、指路送灵。也就是说祖先亡灵从去世到尼姆措毕之前处在一种不上不下的状态，既不能回归到祖先发祥地与列祖列宗颐养天年，又不能和后代子孙一起享受天伦之乐。在毕摩的指引下，不受阻，一帆风顺地奔向祖宗的发祥地。

七、跨越人界和祖界的分水岭。人界和祖界的分水岭用一个苦荞粑在中间挖一个孔制成，把它放在代表各种山脉的神枝上，当毕摩吟诵《指路经》到此时，由先祖亡灵的幼子把装着祖灵的祖灵筒送过荞粑洞，再由人随身带着煮熟的大麦和小麦粒送到山岩祖灵洞，哄骗祖灵等麦粒发芽再归来。至此，祖灵也就走过了漫漫的归祖路，进入了遥远的祖界。把祖灵送到祖界，是后代子孙的最大心愿，也是祖灵归宿的最高境界。

“尼姆措毕”作为一种精神文化传承，传承方式也具有典型的世代相承性特征。一家或几家具有共同祖先的后代人的行为，也是本家支其他成员的行为；同时，也是具有姻亲关系的亲戚和近邻参与的共同行为。时至今日，在彝族山地社会，书写实践也依然没有脱离其口头文化的传播语境，仪式正是民族记忆、文化传统、地方性知识得以积淀、传播和流通的一种方式。彝族本土社会可谓是一个面对面的“口头文本社区”，口头传播与口语交流构成了基本的社会互动，毕摩作为知识分子与民众之间始终有着一种默契，一种交流，这种默契和交流，是以一些地方性知识、民间智慧和对村落的某种公共事务的共同关注为预设前提的。

历史悠久的“尼姆措毕”仪式，作为彝族传统社区民俗生活与人生礼仪的重要传承，涉及每一个群体成员的生命过程，因此成为山地社区普遍关注和高度重视的集体生活事项，有着极其广泛的群体参与性。在彝族的历史文化发展中，作为一个文化共同体的彝民族，其全民共同的族源、族史，共同的迁徙经历，共同生存的人文地理环境，共同的文化背景和文化氛围等，构立了彝族族体的同时也是各支系彝人共同的“族群记忆”。“尼姆措毕”是彝民族永恒的“心灵图式”，是彝民族共有的族群记忆和历史积淀，它具有一定的保护价值。

第十章
彝族艺术精彩纷呈

彝族音乐和舞蹈的产生跟彝族的精神信仰和祭祀仪式密切相关，随着时间的推移和文化的交流，彝族音乐和舞蹈才有了新的流变。彝族民歌种类齐全，不同方言和地区有自己的特色。彝族乐器种类繁多，既有自己独有的，也有各民族共享的。彝族舞蹈的许多动作都是对人们日常生产、生活的模仿，在某种程度上还承载着传授劳动和生活技能的任务。各地的彝族舞蹈自成一派，他们都是我国重要的非物质文化遗产，如何发掘、保护和利用是我们面临的重要问题。

彝族音乐

彝族有悠久的歌唱传统，有丰富的民间音乐资源。彝族的民间音乐与自己民族的岁时节庆密不可分，与每个人的人生礼仪相随相伴，与民间信仰融为一体。彝族人无论男女老少都有某种与生俱来的乐感，他们不仅一个人独唱，而且喜欢重唱和集体合唱，很多人还可以根据曲调即席编唱歌词。

▲

演唱民歌

彝族传统歌曲从名目上分，可以分成俄、雅、左、格、毕五种形式。俄是指那种轻松随意，在各种场合都可以演唱的歌曲；雅主要指在山涧和空旷的地方独自演唱的曲目，多是年轻人恋爱时即兴演唱的歌曲；左主要指婚礼歌曲，结婚时男女双方各派两位歌手进行对唱，相互切磋时唱的歌曲；格主要指悼念死者时或祭祖活动中所唱的歌曲，一般由一人领唱，众人随唱，唱词多由领唱者即兴创作；毕指毕摩在进行宗教仪式时说唱的曲调，相当于彝族的宗教音乐。

彝族民歌因地区不同，支系不同，差别很大，即使同一地区，音乐风格也有明显的差异。彝族民歌大体可以分成这么几个区域：第一个是大小凉山的北部方言地区；第二个是滇东北和贵州毕节与六盘水的东部方言区；第三个是楚雄等地的中部方言区；第四个是大理等地西部方言区；第五个是石林、弥勒等地的东南部方言区；第六个是红河等地的南部方言区。彝族民歌的唱词内容包罗万象，民间很多场合都用歌唱的形式讲述民族历史，传授伦理道德，演绎风土人情。我们根据歌唱的内容把彝族民歌分成叙事歌、风俗歌、情歌、劳动歌和儿歌等几类。

叙事歌

叙事歌的曲调一般都短小，以一个乐句为主，曲调和节奏变化不大，一般都选取大家熟知的民歌曲调。演唱方式有独唱、对唱，也可以合唱。每逢传统节日，婚丧嫁娶，彝族人都有听唱叙事歌的传统，内容包括天地的演化、人类的起源、民族的迁徙、英雄人物等等，如史诗《梅葛》《勒俄特依》《查姆》都是演唱的

◀ 演唱民歌

主要内容，还有民间的叙事诗也会被传唱，如《阿诗玛》《逃到甜蜜的地方》等等。

风俗歌

风俗歌也称仪式歌，是彝族在特殊的场合演唱的歌曲，可以按不同的仪式分为婚礼歌、葬礼歌、节日歌和祭祀歌。彝族地区姑娘出嫁时，新娘的同伴会聚拢哼唱《出嫁歌》《哭嫁调》，表达对亲朋好友的不舍之情。在葬礼上要唱《哭丧调》，还要进行且唱且舞的阿古格和瓦兹雷。在彝历年和火把节等节日时，也要唱与节日相关的喜庆之妞妞。在进行各种宗教祭祀时也要唱《毕摩调》《跳神调》《叫魂调》等宗教祭祀曲。

知识链接 **《妈妈的女儿》** 凉山地区广为流传的“哭嫁歌”，描述了妈妈的女儿出生、成长、出嫁以及嫁到婆家后的生活，是千百年来彝族妇女对包办婚姻造成的婚姻悲剧的控诉，表达了嫁我爱的人还是爱我嫁的人的纠结，也充分表现了彝族人民对幸福生活的憧憬。

情歌

情歌是彝族民歌中最为丰富的一种，是彝族男女青年在社交场合所唱的歌曲，用来互诉衷肠。情歌多在野外场坝约会时唱，有独唱、有男女对唱，也有男女群唱。有些彝族地区，适龄男女青年时常到公房去对情歌，如果双方情投意合，就可以发展成恋

演唱民歌

人关系。云南彝族尼苏支系的情歌“四大腔”别具一格，“四大腔”即海菜腔、山药腔、四腔、五腔，分别流行于尼苏人居住的4个区域，是4种不同的声腔和套曲形式。每种由拘腔、正曲子和白活3部分或5部分组成，拘腔是整个套曲的核心音调，起音乐主题的作用，演唱形式有独唱、对唱、齐唱和临时插入的拘腔等。既有纯粹抒情的音调，又有叙事性的说唱音调，节奏灵活多变，已经引起音乐界的高度关注。

劳动歌

劳动歌主要源于日常的劳动生产和劳动之余的娱乐。人们在田间地头耕作时，都会用歌声来调节身心，自娱自乐。干什么样的农活就有什么样曲调，耕地时唱《犁地歌》，推磨时唱《推磨歌》，放牧时唱《放牧调》，刺绣时唱《刺绣调》。彝家山寨几乎无处不歌，无事不歌，彝族谚语说，“不会跳舞的只有老牛，不会唱歌的只有木头”。哀牢山的彝族劳动歌《牛山歌》特别有名，其调子高亢，尾音悠长，中间插入使唤牛的吆喝声和说唱词，特别有生活气息。

儿歌

儿歌分为摇篮曲和童谣两类。摇篮曲都是母亲给婴幼儿催眠时唱的，它曲调舒缓优美，舒适恬静。童谣则活泼欢快，歌词风趣幽默，词曲多为上下句结构。多以传授生产生活知识为内容。

彝族乐器

彝族乐器大体可以分成四类：一是吹奏乐器，有口弦、巴乌、葫芦笙、马布、唢呐、直笛等；二是弹奏乐器，有月琴、大三弦、小三弦等；三是拉奏类乐器，有胡惹、四胡等；四是击奏乐器，有铜鼓、八角鼓、烟盒等。其中口弦、月琴、葫芦笙、三弦、马布、巴乌、胡惹流传比较广泛。

口弦

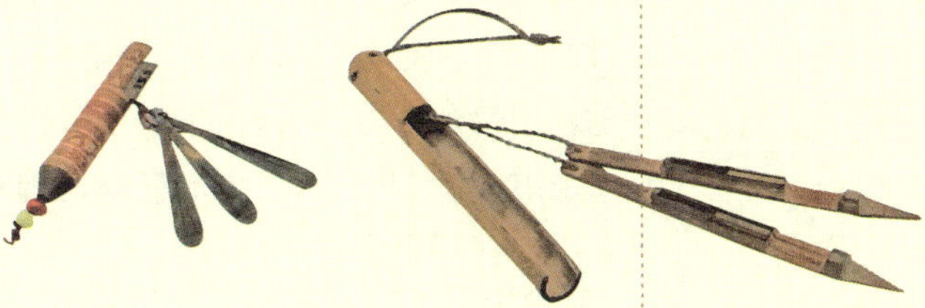
口弦

口弦，又叫口簧和霍伙。有铜质和竹质两种，簧片一般是两片，最多也有四五片的，簧片有七八厘米长。铜质口弦音色清脆、透亮，竹质的低沉、浑厚。吹奏时，将口弦置于唇间，用拇指拨动簧片，利用口腔的共鸣变化音色，簧片除了发出本色音以外，还能发出美妙的泛音，音乐表现力富有宽度和层次。口弦深受彝族人喜爱，因为体积小便于携带，好多人还把它作为装饰品挂在胸前。

月琴

月琴

月琴，又叫四弦、弦子，彝语称之为巴布、帕别。有二弦、三弦、四弦3种，一般都为长颈圆腹状，也有四角形和八角形的。过去，月琴的弦都用丝弦或马尾弦，现在大多用钢丝弦，用竹片、牛角片或塑料片来拨弦弹奏。月琴是彝族舞蹈伴奏时不可或缺的乐器，其音色明亮华丽，层次感强，可以演奏不同风格的音乐作品，也有专门的月琴独奏曲，如《刮地风》《雷波调》《草皮调》等。

马布

马布，又叫筚鲁，各彝区有木比美、布惹、洪拜、非哩等不同称谓，是彝族特有的一种单簧气鸣乐器。马布的外观和结构与小型唢呐相似，管体多用15~20厘米的一节竹管制成，管身上有5~8个音孔，管体上端装有一个竹制簧管，下端安上一个牛角制成的喇叭。吹奏时，将管体竖立，口含上端的簧片，用循环换气法吹奏，即利用鼻孔吸气，让腮腔不断送气，手指按不同的音孔发出不同的声音。马布高音清亮明丽，带有金属声，低音浑厚丰满，带有较重的鼻音，可以模仿多种鸟鸣声。彝族人特别喜欢这种乐器，把它比作蝉鸣。马布可独奏和合奏，也可以为歌舞伴奏。传统的马布独奏曲有《布谷过山》《猛虎出洞》《晨风摇竹》《情歌调》《出工调》《布惹调》等等。

巴乌

巴乌，彝语称非哩莫。巴乌的品种较多，有单管、双管之分，音色上有高音、中音和低音巴乌之别，主要流传于红河南岸的彝族地区。巴乌用竹管制成，有8个音孔（7个靠前，1个靠后），在吹口处设置一个尖舌铜制簧片，演奏时横吹上端，振动簧片发出声音。音色悦耳、清脆明亮。传统巴乌音量较小，现今改造过的巴乌音色不变，音域扩大，音量增大，表现力大大增强。巴乌可以独奏和合奏，也可以为歌舞和说唱民歌伴奏。《渔歌》就是采自红河彝族民间音乐的一首以巴乌独奏的著名音乐作品。

葫芦笙

葫芦笙，又称麻尼、昂，是彝族各地都采用的乐器。葫芦笙一般用葫芦做笙斗，用五根竹管做笙苗，其长短不一，插入笙斗里，安上竹簧，然后在葫芦上端钻吹音孔，笙苗穿过笙斗。吹奏时，根据曲调的需要，用手指按笙苗上下的音孔，发出不同的音调，也可以用拇指分别抵住笙斗底部的5根音管发出低大二度的5个音。葫芦笙的5根音管能奏出10个不同的音，特别有表现力。可以独奏，也可以用于打歌、葫芦笙舞时的伴奏。

三弦

彝族的三弦，它不同于汉族的三弦，琴箱呈筒形，用上好的圆木挖空制成，单面蒙羊皮，琴头造型古雅，琴弦用丝弦或肠衣弦，三根筋弦，一根弹音调，两根伴奏。三弦主要流行于彝族支系阿细、撒尼人居住的地区。彝族三弦有大小之分，小三弦流传年代久远，是彝族很古老的乐器之一，大三弦在20世纪40年代开始流行。三弦演奏时，一般将背带挂在脖颈上，琴杆横于腹

大三弦

部，琴头在左肩上方，琴筒斜挎在腰右侧，左手拿琴按弦，右手用木片或竹片弹拨琴弦发出声音，也可以坐姿演奏。三弦音色柔和圆润，演奏时左手常用滑音、打音、揉音等技巧，右手常用弹、拨、扫、滚等技巧，演奏时常用扫弦技法，可增强音乐的明快色调。彝族谚语有“听见三弦响，心慌脚板痒”的说法。三弦可以独奏，也可以与其他乐器合奏较大型的音乐作品。

铜鼓

铜鼓，彝语称古者。彝族常常把大小两面鼓配套使用，大鼓叫母鼓，体积大，鼓面中心画有太阳纹和晕圈，鼓胸及足部饰有花纹，发音洪亮浑厚，小鼓叫公鼓，无纹样装饰，发音干爽清脆，少余音。演奏时两面鼓相对而挂，右手用鼓槌交替敲打两鼓鼓心，左手用木棒敲击鼓腰，可以根据舞蹈的需要随机改变节奏，铜鼓主要用于跳铜鼓舞时的伴奏或一些祭祀活动。

烟盒

烟盒，是彝族民间跳烟盒舞的特殊道具，流传于云南南部的一些地区。烟盒呈圆柱形，大小类似儿童用的粉盒，烟盒一般用竹皮或薄木片制成，两个为一套，可以对扣在一起，也可以分开为两个。烟盒一般用红色的丝绸包裹加以装饰，有的用刻有花纹的皮质装饰。跳烟盒舞时，舞者左右手各拿一个烟盒，用中指指甲叩击盖板，发出咕咕咕的响声，声音清脆，节奏感强，起到为烟盒舞打节拍伴奏的作用。

▲

三弦舞

彝族舞蹈

在云南楚雄、弥渡、晋宁等地出土的春秋战国至两汉时期的文物中有不少铜鼓、铜葫芦笙以及其他的乐器，在出土的青铜器上刻有各种乐舞俑的形象，可以证明在当时彝族及其他少数民族生活区音乐和舞蹈已经发展到比较高的水平。据考证，彝族人在汉代曾先后两次进京洛阳，在宫廷上献舞，在当时引起不小的轰动。到了南诏王朝时期，南诏宫廷乐舞《南诏奉圣乐》，不仅晋京长安宫廷演出，而且被唐朝推选为十四部国乐之一。《新唐书·南蛮传》记载了舞蹈动作的具体做法：

舞者分左右蹈舞，每四拍，揖羽稽首，拍终，舞者拜，复奏一叠，蹈舞并揖，以合“南”字。……余字皆如之，唯“圣”字词末皆恭揖，以明奉圣。

南诏王朝非常重视音乐舞蹈，曾设立过完备的礼乐机构，在南诏政府官员中，专设过主管礼乐的官职“慈爽”，有专门的宫廷仪仗队，在宫廷仪仗队中，伎乐是其重要成员，在祭祀、庆典、节日及外交等重要场合，伎乐的歌舞表演是这些活动的必备部分。南诏时期的民间歌舞也十分发达，巫舞、庙会歌舞、佛舞等经常在民间节日时段表演，各种舞蹈会竞相登台表演，有骠国乐、天乐、盖罗缝、踏歌、马舞、象舞、葫芦笙舞、铜鼓舞、菩萨蛮、赞普子，精彩纷呈，花样繁多。

彝族舞蹈按历史渊源和舞蹈功能来划分，大体可以分成

四种：

一是宫廷舞。从南诏王朝盛行的宫廷舞到后来历代土司衙门迎接宾客和宴饮时的舞蹈都属于这种。如迎宾舞、献礼舞、孔雀舞、扇舞、射舞等。

二是祭祀舞。祭祀是彝族社会生活的重要内容，他们在祭祀仪式上所跳的舞，毕摩和苏尼做法事时跳的舞都属于祭祀舞，如巫舞、铃鼓舞、跳哑巴、老虎笙等。

三是武舞。为了各自的利益，远古部落之间的战争不可避免，因而出现了很多用各种兵器表演的舞蹈，如矛舞、盾牌舞、棍舞、猎叉舞、大刀舞、狮子舞等等耍枪弄棒为主的舞蹈。

四是民间舞。一般在节日或婚嫁时由民间自发组织的各种舞蹈，如火把节的朵洛荷、打歌、阿细跳月、罗作舞、达体舞等，结婚时的送亲舞、迎亲舞、抢亲舞等，也有生产劳动中演绎出来的舞，如苞谷舞、插秧舞、织毡舞、荞子舞等。

彝族舞蹈因地方和支系的不同而千差万别，各具特色，但作为同一民族的身体语言——舞蹈，它们之间必然有某些共同的特点和相似之处。第一，它们大多与精神信仰和自然崇拜有关。彝族人习惯围着篝火跳舞，火把节时更是举着火把挥舞，反映了彝族人对于火的崇拜，有些对于虎、鹰和熊等动物的模仿，一定也跟对这些动物的崇拜有关系，至于那些祭祀仪式的舞蹈，跟精神信仰的关系就更不要说了。第二，彝族舞蹈特别善于模仿各种动物的姿态。如打歌中的老牛搓背、公鸡摆尾、斑鸠饮水、喜鹊登枝、小鸡啄米等动作都模仿得惟妙惟肖，烟盒舞中的猴子扳苞谷、鸽子渡食等动作都是对动物姿态的生动模仿。第三，彝族舞蹈设计大多来源于生产生活。烟盒舞中的踩谷种、哑巴打草鞋直接来源生活，苞谷舞、插秧舞等直接来源于生产。第四，彝族舞蹈体态有跳跃性的“一边顺”特征，另外彝族舞蹈特别注重脚部的动作。

彝族舞种

打歌

打歌，又称踏歌、跳歌、跳山歌、打跳、跺左脚、叠脚舞等。云南巍山被认为是打歌的发源地之一，在云南巍山细奴逻巡山文龙亭的墙壁上，绘有一幅清朝画家创作的彝族打歌壁画，在苍劲的松树下，数十人围成一圈，其中一人在吹笙，一人在吹笛，一人在跳舞，壁画栩栩如生地表现了当时彝族打歌的场面。打歌作为一种民间集体舞，一般在祭祀、年节或婚丧嫁娶时举行。云南巍山和南涧地区的打歌特别有名，参与打歌的人，少则数十人，多则数百上千人，一般男女相间，手拉手围成圈，向逆

打歌

时针方向转。打歌开始时由芦笙、大小三弦、四弦、月琴、笛子、木叶等乐器演奏起动人的音乐，随着音乐的节拍人们开始翩翩起舞，领舞者（歌头）在圆圈中央领唱或伴奏。打歌动作非常丰富，有踏、跳、跺、甩、抬腿、跨房等基本舞步，传统的舞蹈动作和名称花样繁多，有三步一踮、六步一花、八步穿花、十字开花、三翻三转、半步翻转等等。打歌到高潮时在场的人都加入打歌的队伍，蔚为壮观。歌声、乐曲声、嬉笑声交织在一起，有时通宵达旦，歌不休，舞不止，“从早跳到黄昏落，只见黄灰不见脚”就是这种场面的真实写照。

▲

三弦舞

跳月

跳月是彝族支系阿细和撒尼人的一种自娱性群众舞蹈。阿细，彝语叫“高斯比”，意思是快乐地跳；撒尼，彝语叫“三弦比”，意思是三弦舞，所以跳月也叫大三弦舞。一般是男子背着大三弦随着其他乐器的伴奏，自弹自唱，邀请在场的女子上场，女子在大三弦的伴奏下拍手起舞或徒步跳舞。参与的人越来越多，男女面对面，或围成圈，或排成排，少则几十人，多则成百上千人都可以。它的基本舞步是跳步和三步乐，跳步的主要套路有弹跳步、跑跳步、转自跳，十字档、弹脚转身跳，摆肩转圈

跳月 ▶

等。三步乐舞步由五拍组成，舞步以跳跃为主，一般是跳三步，然后抬脚跳两下，与对舞者碰脚，女子左右摆动双手，抬脚时双手击掌两下，队形随领舞者前进、后退或交错，还可转身或旋转，动作重复进行，常被称为“快三步乐”。男子步态沉稳潇洒，女子温婉恬静，随着节拍时而围圈齐跳，时而相对起舞，充分展示了集体舞优雅而协调的一面。1954年，阿细跳月作为中国民间优秀舞蹈，被选送到波兰华沙参加第三届世界青年联欢会表演，得到世界各国青年和专家的好评。

知识链接 **左脚舞** 左脚舞又叫跳左脚、跳脚，以流传在云南楚雄牟定的左脚舞最为典型。左脚舞以脚下动作为主，基本步法有直脚、甩脚、垫脚、跺脚、踏脚、踢脚、感脚、合脚等，起舞时先起左脚，垫三脚踢一脚，边跳边唱左脚调。左脚调的曲目有300多个，曲调清新明快，唱腔清脆尖细，歌词牵涉到彝族生产生活的方方面面。伴奏的乐器有四弦、二胡等。左脚舞参与的人可多可少，如遇大型集会，如三月会、二月八等节日，参加的人数和气氛都非同一般。

◀ 舞

烟盒舞

◀ 烟盒舞

烟盒舞流传于云南南部，其中云南石屏彝族的烟盒舞最有代表性。烟盒舞有单人舞、双人舞、三人舞、四人舞和集体多人舞等多种表演形式，身体的头、手、身、腰、脚各个部位配合巧妙，据说烟盒舞有两百多种套路和跳法。它的基本舞步可以归为正弦和子弦（杂弦）两大类。跳舞时先跳正弦，后跳杂弦，正弦只舞不唱，有乐器伴奏但无唱词，形体动作有三步弦、两步半、一步半、斗蹄弦、歪歪弦等十多种舞蹈动作。杂弦一般要又唱又跳，有许多神形兼备的动作，如有表现动物姿态的撵秧鸡、鸽子渡食等，有表现劳动场面的踩谷种、哑巴打草鞋、踩茨菇等，有倒挂金钩、猴子扳苞谷、仙人搭桥等，有七八十个动作。烟盒舞一般用清脆明亮的烟盒声打节拍，由四弦、月琴、笛子、二胡等伴奏，音乐和舞蹈节奏鲜明，动作灵巧，手腕、手臂动作灵活多变，手臂的凤凰点头的动作尤其巧妙生动。烟盒舞一年四季都可以跳，是彝族青年男女聚会交往的最好方式之一。

罗作舞

罗作舞，彝语称之为“裁比”，意思是成双成对地跳，因其动作颇像蜻蜓飞舞，又称蜻蜓舞。罗作舞主要流行于云南红河流域，最有代表性的是云南红河县的理施和大新寨两地，罗作舞属于广场风俗性自娱性舞蹈，多在一些传统节日、祭祀活动和婚丧嫁娶时跳，也可以在劳动间隙和社交场合跳。是彝族的一种有伴奏有唱词的集体性舞蹈，是将歌唱、舞蹈和乐器三者相结合的一种歌舞。跳舞之前先唱歌，有乐队伴奏，乐队成员不参加舞蹈，随伴奏的节奏晃动身体，并高声帮腔助兴。跳舞的人数不限，但一般由双数男女搭配围成圈跳，舞者的膝盖部位伸屈自如，手臂像蜻蜓展翅，大家边唱边跳，忽停忽动，间或拍手，间或相互交错穿插，呈圆圈形转动，让人目不暇接，高潮时还会发出“噻、噻、噻、噻、噻”的叫喊声。

四弦舞

四弦舞，彝语叫“叶切比”，意思是弹着月琴跳舞，也称丝弦舞。主要流传于云南中部的彝族地区，属于一种自娱性的舞蹈，许多彝族青年男女通过跳四弦舞相识、相知、相爱。四弦舞是一种载歌载舞的舞蹈，有固定的曲调和唱词。跳舞时一男子边弹四弦边跳舞，众人随之而动，围成圆圈跳舞，弹四弦的男子作为场上的指挥，可以随时改变曲调、舞步和身体方位，其他人随他的变化而变化。女子拍手打节拍，手部动作变化不多，但脚下动作多种多样，有抬脚、垫脚、对脚、踢脚、别脚、串脚、搭脚、压脚等十几个动作，最基本的舞步是抬脚步，其他的舞步都由它发展变化而来。

都荷舞

都荷舞即朵洛荷舞，意思是唱诵火，主要流传于四川凉山“所地”土语区，是火把节期间只有妇女参加的一种集体舞。一般由一人领唱领舞，其他舞者尾随领舞者朝逆时针方向边唱边走，有时候也可以逆时针和顺时针交替着转。领舞领唱的唱一句，众人重复一句，如此循环表演。所以舞者右手持黄伞，左手牵着前面的人的荷包，或者前后互相牵着头巾的两端，载歌载舞，逐渐形成一个圆圈。都荷舞的舞步相对简单，舞蹈为两拍，先把左脚迈出一大步，同时身体微微向前倾，此为重拍，然后右脚向右旁迈一步，同时身体直立，微微后仰，面向圆心或面向前进的方向，此为弱拍，如此反复即可。

▲
都荷舞

铜鼓舞

铜鼓舞，主要流行于云南文山州的彝族地区，其中富宁县木央一带的彝族铜鼓舞最具有代表性。每年的上元节、荞年节、打公节等重大节日，跳铜鼓舞都是一项重要的活动。一般把分为雌雄的两面铜鼓分别挂在场坝的树杈上，每只鼓分别由两人敲击，一人敲击鼓面和鼓帮，另外一人用铜盆在鼓的另一面时开时合增强鼓的音响效果，还有皮鼓、锉锣、小锣等配合铜鼓齐奏。鼓师

▲

铜鼓舞

可以用两面铜鼓敲击出12种音调，公鼓代表太阳，母鼓代表月亮，12种音调代表一年12个月。铜鼓舞通过鼓手有节奏的击鼓来调度全场，舞者的动作和队形的变化随鼓点节奏的变化而变化，舞蹈队形以男女围成圆圈为主，另外还可以变化成半圆形、一字形、纵队形、四方形和交叉对跳等多种图形。舞蹈动作以平步进退和晃步错步为主，一步一并脚，向前进或横走，配有双手扇动、开合的动作。

花鼓舞

花鼓舞，彝语称“热波比”，主要流传于云南双柏和峨山一带，其中峨山被誉为彝族花鼓舞之乡。一般是在逢年过节和办丧事时，会请专门的花鼓班子来跳花鼓。花鼓舞先用锣、镲、钹为前奏，再用震耳欲聋的鼓声制造气氛，把观众的热情点燃之后，舞蹈的人才开始踏着节拍跳舞，花鼓舞一般由5人同舞，现在也有9人同舞的。其中一人为领舞者，领舞者相当于舞蹈的总指挥。他手拿木制龙头，上面插有野鸡翎子，还系有红绸扎成的彩球，指挥着舞者的舞步和动作。舞蹈队员用绸带系鼓，斜挎在右肩，鼓在左腰间，右手拿鼓槌，左手拿一块白毛巾，边打边舞。花鼓舞是彝族舞蹈和汉族舞蹈相结合的产物，它的歌舞是间隔进行，唱一段停下来舞一段，舞一段停下来再唱一段，唱的时候没有伴奏，只用鼓槌敲打节拍。曲谱是花灯调，唱词根据表演场合而定。

知识链接 **达体舞** 彝语“达体”为“跺地”之意。达体舞在凉山具有悠久的历史，不同地区有着不同的特点和名称，如“锅庄舞”“蹒脚舞”“对脚舞”。这种舞蹈男女老少皆宜，不受环境、时间、人数、道具以及音乐伴奏等条件的限制。20世纪80年代，有关部门组织人员对达体舞进行了系统的挖掘、整理和规范，编出了两套共12种舞，并录制了伴奏舞曲，在凉山州推广普及。

第十一章
彝族人物群星闪耀

彝族从远古走到今天，在认识自然和改造自然的过程中，在不断与自己不同的“他者”比较和对抗过程中，就自己的来源和想象的共同体进行了划分和塑造，在物质和精神层面上都取得了一些成就。在历史发展的长河中出现了许多可歌可泣的人物，历史人物我们只选择了皮逻阁、奢崇明、安邦彦和奢奢香夫人四个代表人物。现当代人物我们遴选了十九世纪末和二十世纪彝族各方面的杰出人物，新中国建立以后的人物则主要介绍已经去世了的彝族名人。

历史人物

皮逻阁

皮逻阁（697—748），彝族南诏第四世王。728年至748年在位。唐朝开元二十二年至二十五年（734—737），在唐朝的扶持下，相继征服兼并了蒙巂诏、越析诏、浪穹诏、施浪诏和邆赕诏，击败吐蕃，由巍山迁至太和城（今云南大理古城南太和村），并向滇东爨部地区发展势力，入朝于唐，晋封为“越国公”“云南王”。数度遣使入朝，加强与中央王朝的政治、经济、文化的联系，对南诏彝族奴隶制政权的建立和初期发展做出了很大贡献。

皮逻阁

奢崇明

奢崇明（？—1629），明代四川彝族土司，世居永宁（今四川叙永县西南），奢安起事首领之一。明万历年间（1573—1620）袭永宁宣抚使职。明天启元年（1621）趁募兵援辽时起事。攻占成都，全蜀震惊。随即攻陷遵义，围成都。第二年水西彝族土司安邦彦应和。天启三年屡战屡败，后退投安邦彦。到明崇祯元年（1628）势力再起，自号“大梁王”，翌年被贵、湖、云、川、广总督朱燮元平定擒杀。

安邦彦

安邦彦（？—1629），明代贵州水西彝族土司，奢安起事首领之一。万历四十一年（1613）以水西土司安位的叔叔的身份，因安位年幼而操重权。天启二年（1622）挟持安位起事，与奢崇明应和，自称“罗甸王”。攻陷毕节、安顺、平坝、沾益、龙里等地，围困贵阳，想占贵阳割据一方，但被贵州巡抚王三善击退。后通过诈降刺杀王三善，势力得以复兴。崇祯元年（1628）自号“四裔大长老”，第二年被贵、湖、云、川、广总督朱燮元平定擒杀。

奢香夫人

奢香夫人(1361—1396)，明代贵州彝族女土司，当其夫霭翠年老后主管水西事务。明洪武十六年（1383）随水东女土司刘淑贞入朝。当时，贵州都督马烨想灭掉水西土司代以流官，横加指责，万般凌辱，企图激起奢香反抗，造成兵端。奢香大义凛然，顾全大局，含恨饮辱派刘淑贞到南京代为申诉。洪武十七年，朱元璋招奢香入朝诉马烨激变事状，宽慰之，治马烨罪。奢香归来后，终日思报，贡赋不绝，并开通往四川和云南的通道，在水西境内设立龙场（今贵州修文县）等九驿站，对明朝平定云南，加强西南边疆与内地的联系起到了非常重要的作用。洪武二十一年（1388）摄贵州宣慰使职，二十九年逝世，明中央王朝特派使臣祭奠，葬在今天贵州大方县城西一公里的

奢香夫人

奢香墓

云龙山麓南洗马塘畔。清道光十三年（1833）立“明顺德夫人、摄贵州宣慰使奢香墓”碑，墓碑今天尚存。

现当代人物

余若瑔

余若瑔（1870—1934），字达父，贵州毕节人，明代四川永宁宣抚使后裔，是贵州近代知名学者和诗人。早年拜学于贵州著名学者、前清进士葛子惠门下，研究经史诗文。1904年为救国图强，东渡日本求学，入江户和佛法律大学、东京法政大学专攻法律，1909年回国后在北京考中法律科举人。因丁母忧，返回贵州，参加了贵州辛亥革命，光复后被选为省立法院临时副议长。后来在上海与贵州彝族、辛亥革命先驱者安健一同创办《斯民报》，宣扬民主，鞭挞军阀，影响较大。后在北京开设律师事务所，在北京政法学校任教。余若瑔精通汉彝文，对经史辞章颇有研究。著有《且兰考》1卷，《且兰野史》4卷，《罂石精舍文集》4卷，还创作有诗歌599首。

安健

安健（1877—1929），字舜卿，贵州郎岱（六枝特区）人。少年时就学安顺府，后游学省城贵阳。受民主革命思想影响，光绪三十一年（1905）抛弃科举仕途，东渡日本留学，同年在东京首批加入中国同盟会。曾参加钦廉、河口、广州等地的反清起义。辛亥革命后，协助孙中山筹组国民党。讨袁护法时，被推举为讨袁军贵州司令长官。1918年任中华革命党贵州支部长，川边巡抚使。北伐战争时期，任国民革命军第九军党代表。四一二反革命政变后，仍然坚持国共合作，反对蒋介石、汪精卫背叛革命。被

安健 ▶

迫出走云南，蒋介石多次以高官厚禄许诺，均被严词拒绝，曾被蒋介石下令通缉，1929年在昆明病故。去世后被南京政府追赠为国民革命军陆军上将。其《讨清檄文》脍炙人口，被誉为“土人安健，文章震惊海内”。此外还著有《贵州土司现状》《贵州民族概略》等。

余健光

余健光（1891—1919），又名余祥辉，四川叙永县水潦乡人。1906年春，余健光东渡日本入山口高等商科学校学习，在校期间加入同盟会，积极投身于推翻清政府的革命运动，成为一名民主革命志士。1911年7月，余健光去上海参加了陈其美、宋教仁、谭人凤等召开的同盟会中部总会成立大会。辛亥革命前夕，余健光前往广州，参加了广州起义。“二次革命”失败后，正在东京的余健光积极跟随孙中山从事革命活动，并于1914年7月8日参加中华革命党成立大会。据当时日本警示厅以保护为名派便衣警察日夜监视跟踪孙中山等革命党人的档案记录资料记载，1913年12月至1915年10月在日本期间，孙中山接见余健光多达48次。1915年3月，孙中山派遣余健光到上海协助陈其美开展革命活动。余健光一心致力于革命事业，奔忙于广东、上海、湖南等地从事革命活动，积劳成疾，不幸于1919年5月病殁上海，年仅28岁。遵照余健光生前遗嘱，其灵柩被运回故里叙永县水潦乡安葬，墓碑镌“湘西靖国联军前敌总指挥余健光之墓”。墓碑至今犹存。

曲焕章

曲焕章（1880—1938），字星阶，“云南白药”的发明人。他出生在江川县后卫赵官村，后迁居通海、昆明。曲焕章7岁丧父，9岁丧母，和12岁的三姐相依为命。1892年，到姐夫袁槐家学医。在马帮中打杂为生，因患病得到四川道人姚连钧及其弟子杜文远的救助得以脱险后，拜姚连钧为师，从此开始行医生涯。曲焕章不仅继承了姚连钧的医药知识，还博采众长，学习中医药经典著作，打下了坚实的医疗理论基础，同时可以识别和采集数百种草药，配制几十种草药验方。云南白药因其用三七、重楼、独毛子、麝香等配制而成，药色洁白，故称为“白药”。它内外兼治、疗效显著、收效神速、用法简捷、用量少、无毒副作用。1938年，曲焕章建成“云南曲焕章大药房”，向各地销售云南白药等药品。也在这一年，曲焕章被国民党中央派人接到重庆，因不愿为国民党政府所用，拒绝传授药方，于同年8月在重庆被害身亡。

龙云

龙云（1884—1962），字志舟，彝名纳吉乌萨。四川金阳县人。1911年参加滇军。1914年云南陆军讲武堂毕业后，在云南都督唐继尧部先后任第五军军长，昆明镇守使。1927年参与反唐继尧的倒唐政变。1928年任国民党第三十八军军长、十三路军总指挥兼云南省政府主席、黔滇绥靖公署主任。抗日战争期间，兼任军事委员会委员长昆明行营主任、陆军副总司令等职。1945年10月被蒋介石武装免除云南省政府主席等职务，调任军事参议院院长。1948年12月在美国“飞虎队”司令陈纳德将军的帮助下前往香港，第二年8月13日在香港发表声明，拥护中国共产党的领导。同年9月被列为全国政协第一届全体会议特邀代表。1950年1月由香港赴北京。历任中央人民政府委员、人民革命军事委员会委员、西南军政和行政委员会副主席、第一届全国人大常委、国防委员会副主席、全国政协第二届和第三届常委、中国国民党革命委员会第二届委员及第三届中央副主席和委员等职。1962年6月27日在北京逝世。

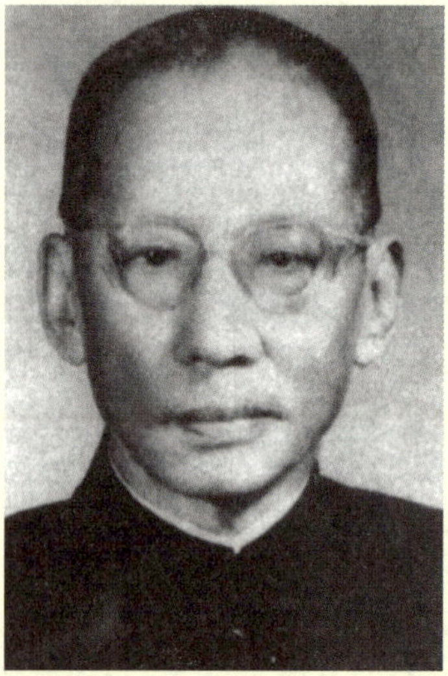

龙云 ▶

果基小叶丹

果基小叶丹（1894—1942），彝名果基约达，四川省冕宁县（今彝海乡）人。小叶丹因熟悉本民族典故和习俗，办事公道，是非明确，靠自己的人格魅力在很年轻的时候就成为当地果基家族的头人首领。1935年5月，红军渡过金沙江进入四川凉山彝族地区来到冕宁县境内，红军在冕宁县城张贴布告，宣讲民族平等团结政策，释放被国民党“坐值换班”扣押的彝族人质。果基小叶丹耳闻目睹了红军的所作所为，感觉完全不同于自己经常接触的国民党政权和军队，等亲自见到红军北上先遣队司令员刘伯承后，对红军更是深怀敬意，随即提出按照彝族习俗歃血为盟，结成兄弟。1935年5月22日，在山清水秀的彝海湖畔，刘伯承与小叶丹举行了著名的彝海结盟仪式。红军授予果基小叶丹“中国夷民红军沽鸡支队”的旗帜，小叶丹派向导为红军带路，使红军顺利通过彝族地区，直达安顺场，为红军飞夺泸定桥赢得了宝贵的时间。彝海结盟是红军长征途中的一段佳话，是红军长征途中执行民族平等团结政策的光辉典范。红军过境后，国民党政府开始反攻倒算，进行疯狂报复和迫害，果基小叶丹及其家族被迫赔了很多的白银和牛羊。1942年6月18日，小叶丹在大桥镇遭到国民党部族武装的袭击而牺牲。2009年果基小叶丹被评为100位为新中国成立做出突出贡献的英雄模范人物。

卢汉

卢汉（1895—1974），字永衡，原名邦汉，云南昭通人。1911年随龙云参加滇军，1914年毕业于云南陆军讲武堂，在云南都督唐继尧部及其龙云部历任排长、连长、营长、旅长等职。1928年支持龙云任国民党云南省政府主席，先后任师长，财政厅长等。抗日战争期间任军长，率滇军参加台儿庄战役，后任国民党第一集团军总司令、第一方面军总司令。抗战胜利后，率第一方面军开赴越南北纬十六度以北地区接受日军投降。1946年任云南省政府主席、保安司令和云南绥靖公署主任。1949年12月9

卢汉

日宣布云南起义。1955年被授予一级解放勋章。新中国成立后历任云南省军政委员会副主席、国家体委副主任。是第一届全国人大代表，第二届和第三届全国人大常委，全国政协第一届委员，全国政协第二、第三、第四届常委。1974年5月13 日在北京逝世。

张冲

张冲（1901—1980），原名绍禹，又名维新，字云鹏，云南省泸西县永宁乡小布坎（现划归弥勒县）人。1927年和龙云、卢汉一起参加反对唐继尧的倒唐政变，曾任滇军旅长、师长。

张冲

1938年，参加台儿庄战役，被提升为军长。抗日战争后，任国民党六十军副军长兼一八四师师长。1946年到延安，1947年2月加入中国共产党。延安撤退时，被派到东北前线，历任东北人民解放军总部高级参议、松江省人民政府副主席等职。云南解放后，历任云南省人民政府副主席、西南军政委员会委员、西南民委副主任兼凉山临时军政委员会主席。1954年开始任云南省副省长、云南省民委主任、中共云南省委委员、云南省人大常委会副主任。是第一至第五届全国人大代表，第一届和第五届全国政协委员，曾任全国人大民委副主任、全国政协副主席等职。1980年10月30日病逝于北京。

岭光电

岭光电（1913—1989），彝名吽吽慕理，四川甘洛人。斯补兹莫——暖带田坝土千户后裔。1933年考入国民政府中央陆军军官学校第十期。1936年分派到国民政府军事委员会委员长重庆行营办公厅任职，同时加入中国国民党军事委员会调查统计局。1939年任西康省政府中校参议，1942年到西康省宁属屯垦委员会

（驻西昌）任边民训练所教育长，1944年任腴田特别政治指导区（直属西康省）区长，西康省彝族文化促进会理事长，1947年任西康省政府边务专员，1948年被选为国民立法委员，1950年加入“国民革命同志会”并任国民革命军第二十七军少将副军长。岭光电曾经在自己的家乡开办过学校，即私立斯补边民小学，是凉山历史上第一所真正意义上的现代学堂教育，培养了一批本民族的人才。解放后在西昌民族干部学校任教，1951年调到雅安，1954年土改后调芦山县文教科。1957年，参加社科院少数民族语言调查第四工作队，从事彝语调查、研究工作。同年底，调四川民族出版社。1962年调四川省民族委员会参事室。十一届三中全会后，被选为四川省政协委员、凉山州政协常委，1989年逝世。

岭光电

伍精华

伍精华（1931—2007），彝名倮伍拉颇，四川省冕宁县人。1949年9月参加工作，历任冕宁县人民武装部参谋，西康省军分区司令部参谋、普格县副县长、普格县委副书记、县长、昭觉县委第一书记，凉山彝族自治州委书记处书记、第一副州长，中共四川省委民族工作委员会副书记，四川省民委副主任，省人大常委会副主任，中共四川省委常委、国家民委副主任，中共西藏自治区委员会书记兼西藏军区政委，国家民委第一副主任。是中共八大代表，第十二、十三届中央委员，第七届全国人大代表。2007年10月19日在北京病逝。

伍精华

李乔

李乔（1908—2002），笔名普济，云南石屏城关人。1929年毕业于东陆大学预科。1949年前任中小学教员和滇、桂、黔边区纵队石屏支队参谋长及第二支队文书等职，1950年后历任中央西南民族访问团员，云南民族学院、省民族事务委员会副科长，云南省文联创研部副部长、专业作家，云南省文联副主席及作家协会名誉主席，中国作家协会第四届理事。1930年开始发表作品。著有专集《欢笑的金沙江》《未完的梦》《早来的春天》和散文集《蹒跚的脚步》等。短篇小说《一个担架兵的经历》获1979年国家民委及作家协会民族文学一等奖、总政治部名誉奖，长篇传记文学《彝家将张冲传奇》获1984年国家民委及作家协会民族文学优秀奖，《破晓的山野》获1982年云南长篇小说一等奖。

李乔

刘尧汉

刘尧汉（1922—2012），云南省南华县人。1947年毕业于云南大学社会学系。是中国社会科学院民族学与人类学研究所研究员，楚雄彝族文化研究院终身名誉院长。主要从事民族学与民族史的研究，提倡田野调查，偏爱“山野妙龄女郎”，曾得到著名历史学家范文澜的肯定。开创了彝族文化学派并主编了《彝族文化研究丛书》，提出了彝族虎宇宙观、

刘尧汉

彝族传统历法是十月太阳历的学术见解。1990年被国家民委授予“全国民族团结进步先进个人”称号；1992年享受国务院颁发的政府特殊津贴。2011年被评为中国社会科学院荣誉学部委员。2012年因病逝世。

第十二章
彝族地区得天独厚

彝族长期生活在横断山和云贵高原的大小凉山、乌蒙山、哀牢山等地区，境内金沙江、雅砻江、大渡河、澜沧江、红河和乌江等江河密布。彝族生于斯长于斯的这块土地，物华天宝，人杰地灵。新中国建立后，根据民族区域自治制度在彝族地区建立了两个半州，八个自治县，十个与其他民族联合的自治县。彝族地区有很多美丽的自然与人文景观，诸如云南的石林地质公园、阿庐古洞、普者黑；四川的邛海泸山景区、螺髻山、泸沽湖、黑竹沟、冕宁灵山寺；贵州的百里杜鹃、威宁草海、织金洞等等。

彝族长期生活在横断山和云贵高原的大小凉山、乌蒙山、哀牢山等地区，境内金沙江、雅砻江、大渡河、澜沧江、红河和乌江等江河密布。彝族生于斯长于斯的这块土地，物华天宝，人杰地灵。新中国成立后，根据民族区域自治制度在彝族地区建立了两个半州、8个自治县、10个与其他民族联合的自治县。彝族地区有很多美丽的自然与人文景观，诸如云南的石林地质公园、阿庐古洞、普者黑；四川的邛海泸山景区、螺髻山、泸沽湖、黑竹沟、冕宁灵山寺；贵州的百里杜鹃、威宁草海、织金洞等等。

凉山彝族自治州

地处四川省西南部，是我国最大的彝族聚居区，也是四川省民族类别最多、少数民族人口最多的地区，辖区面积约6.04万平方公里，辖西昌、德昌、会东、会理、宁南、普格、布拖、昭觉、金阳、美姑、雷波、甘洛、越西、喜德、冕宁、盐源、木里藏族自治县共17个县（市），州府西昌市。有彝、汉、藏、回、蒙古等14个民族，总人口约487.25万，其中彝族人口243.65万，占50%。凉山州属于亚热带季风气候区，日照充足、气候凉爽，资源富集，是国家“西电东送”的重要基地和骨干电源点；矿产资源得天独厚，轻稀土氧化物保有储量居全国第二，有色金属矿产储量居四川第一，是世界罕见的“聚宝盆”；农业资源丰富多样，“大凉山”绿色特色农产品品牌享誉全国；旅游资源绚丽多彩，邛海泸山、螺髻山、泸沽湖、西昌卫星发射中心等景点闻名中外，是中国西部最佳阳光休闲度假旅游目的地；民族文化资源独具魅力，凉山彝族火把节、彝族歌舞服饰和毕摩文化、泸沽湖

知识链接 **邛海泸山景区** 邛海泸山景区位于凉山彝族自治州州府西昌城南，以美丽的湖光山色，浓郁的民族风情，成为四川十大风景名胜之一，是国家4A级景区。随着邛海湿地公园的建成开园，更为邛海泸山增姿添彩。邛海又名邛池，是四川省境内最大湖泊之一。湖面31平方千米，最深处34米，常年蓄水约3.2亿立方米。碧水清澄肥美，是有名的天然渔场和水上运动场。湖周群山环抱，绿树成荫，环境优美，景色宜人。湖水常年清澈，四季均宜游泳、泛舟、垂钓。

摩梭文化、木里藏乡风情等异彩纷呈。州府西昌是中国优秀旅游城市、国家森林城市，举世闻名的航天城、月亮城、太阳城、小春城。

泸山位于邛海之滨，海拔2 317米，与邛海相对高差807米。山峦奇秀，古木参天，是西昌的天然绿色屏障，林中珍稀动植物种类繁多，有2 000年历史的十大“巴蜀树王”之一的九龙汉柏，形态奇特，世上绝无仅有。泸山林中小道逶迤蜿蜒而上，直达山顶。浓荫丛中隐有汉、唐、明、清年代修建的光福寺、蒙段祠、三教庵、祖师殿、观音阁、王母殿、玉皇殿、青羊宫、五祖庵等十多座古刹。素有“观音阁曲折迂回，瑶池宫高敞向阳，玉皇殿势险雄伟，五祖庵僻静幽深”之谓。佛教、道教、儒教共建庙宇于山中一条道上，体现了唐代武后“三教合一”的宗教懿旨。峨眉皆佛，青城纯道，唯西昌泸山别开生面，佛、道、儒三教并存，尽管他们的教规、教义不尽相同，却能在此和睦相处上千年，各传各的教，这在全国也属罕见。

知识链接 **螺髻山** 螺髻山位于四川省凉山彝族自治州首府西昌城南30公里处，是国家4A级风景区，总面积2 400平方公里。螺髻山是我国已知山地中罕见的保持完整的第四纪古冰川天然博物馆，彝语称“艾鹅安哈波”，“艾”彝语为“鸭子”之意，传说古时洪荒泛滥，地球上万物皆被洪荒淹没，只有螺髻山的山巅上仅剩一点足够站立一只鸭子之地，因此当地的彝族人称螺髻山为“艾鹅安哈波”。由冰川刻槽、冰川角峰、仙人洞、螺髻山九十九里、螺髻山五绝等组成得天独厚的自然风景区，风光旖旎，美不胜收。

螺髻山保存着目前世界上最大最深的原始古冰川刻槽遗址，是由古冰川带夹坚硬的岩石块，以强大的力量刻碾冰川的底部两侧岩石，天长日久便形成这景象万千的岩石刻槽，吸引了不少游人去万途跋涉，登临浏览，以探寻其无穷奥妙。在海拔2 068米的山腰处有螺髻山仙人洞，当地彝民称“斯居色居”，意为“神仙居住的地方”，是一处长达10公里以上，规模宏大的岩浆溶洞。

楚雄彝族自治州

地处云南省中部偏北，东靠昆明市、西连大理白族自治州，南连普洱市和玉溪市，北临四川省攀枝花市和凉山彝族自治州。辖区面积29 258平方公里，辖楚雄、双柏、牟定、南华、姚安、大姚、永仁、元谋、武定、禄丰10个县（市），州府设在楚雄市。总人口272.40万人，其中彝族人口74.79万人，占28.49%。境内重峦叠嶂，河流纵横，素有“九分山水一分坝”之称。境内海拔标高为1 700~2 300米，属亚热带亚湿热季风气候区，年均气温15.6°C，雨量充足，气候宜人。境内有国家级哀牢山自然保护区和紫溪山国家级森林公园，森林茂密，奇花异木、珍稀动植物广为分布，市内有丰富的煤、铜、铁、铅、油岩、天然气、石灰石、大理石、石英砂等矿产资源和优质稻、烤烟、核桃、畜禽、食用菌、中药材等优势产品，被誉为“滇中绿宝石”“滇中植物基因库”。春秋战国时期的铜鼓编钟、古老神奇的十月太阳历、集中展示“三古一彝”的楚雄博物馆和绚烂的民族文化、浓郁的民族风情，以及融自然景观与民族文化于一体的紫溪山、太阳历文化园、龙江公园、西山公园等名胜风景区，使楚雄市的旅游资源独具特色，并富有深刻的文化内涵。一年一度的火把节是楚雄州各族人民最盛大、最隆重的传统节日，热烈红火、远近闻名，

知识链接

禄丰世界恐龙谷 禄丰世界恐龙谷位于楚雄彝族自治州禄丰县城以南23公里的川街乡阿纳村恐龙山，距楚雄市68公里。从1938年至今，在禄丰境内已发掘出土较为完整的恐龙化石个体120余具，年代跨越侏罗纪早、中、晚3个时期。中外学者认为，禄丰出土的恐龙年代长、个体数量多、种属丰富、保存完整、埋藏区域集中，举世罕见。禄丰世界恐龙谷2004年被公布为第三批国家地质公园。公园分为“恐龙遗址科考观光区”和“侏罗纪世界旅游区”两大区域。是一个集遗址保护、观光休闲、科普科考等为一体的恐龙文化旅游主题公园，为国家4A级旅游景区。

彝人古镇 彝人古镇位于楚雄市西郊的龙川江畔，是在宋代“德江城”遗址附近新建的一个集彝族民居展示、旅游为一体的文化旅游名镇。建筑风格以楚雄、武定等地彝族传统民居为原型，博采大理、丽江等古城和园林建筑之长，形成具有彝族风格，又兼容其他民族建筑文化的独特样式。彝人古镇的主要景点有望江楼、桃花溪、德运广场、古戏台、咪依噜广场、梅葛广场、火把广场、彝人部落、土司府等。“彝人部落”景区安排的“天天长街宴，夜夜火把节”活动，专为游客体验彝家风情而准备。是云南省目前最大的旅游配套服务工程，是国家4A级景区。

节日期间，客商云集，经贸物资交流空前活跃，民族文化活动异彩纷呈。

红河哈尼族彝族自治州

红河哈尼族彝族自治州位于中国云南省东南部，北连昆明，东接文山，西邻玉溪，南与越南接壤。全州辖区面积32 931平方公里，辖蒙自、个旧、开远、弥勒4个市，建水、石屏、泸西、元阳、红河、绿春6个县和屏边苗族自治县、河口瑶族自治县、金平苗族瑶族傣族自治县3个县。2011年末，总人口443.57万人，其中彝族108.58万人，占24.48%。有哈尼、彝、苗、傣、壮、瑶、回、布依、拉祜、布朗（莽人）等10个世居民族，少数民族人口占58%。红河哈尼族彝族自治州处于亚热带高原型湿润季风气候区，风景秀丽，生物多样，文化多元，人文风情多姿多彩。南盘江、红河、李仙江、腾条江四大水系水能理论蕴藏量达500万千瓦以上，可开发水电装机达450万千瓦以上，能源基础产业发展已初具规模；旅游文化资源富集独特，拥有底蕴丰厚的历史文化、绚丽多姿的民族风情和神奇壮观的自然风光，哈尼梯田、天然溶洞群、建水历史文化名城、弥勒湖泉公园等旅游景区景点众多，具有打造云南康体休闲旅游胜地的自然环境和资源条件。

知识链接 **阿庐古洞** 阿庐古洞位于距昆明160多公里处的红河州泸西县境内，为国家4A级旅游区、国家重点风景名胜区。是云南唯一载入《天下名山胜志》的地下风光，《徐霞客游记》中也有记载。古洞的主洞体由泸源洞、玉柱洞、碧玉洞、玉笋河组成，全洞长3 000余米，分层分向排列，空气流畅，水旱洞兼容，地质解理清晰，岩溶地貌密集，有景点数226个，古洞佛光、阿庐云海、地河幻景、天造神物合称四大奇观。景区范围1.5平方千米，是一个规模宏大的典型岩溶地貌地下溶洞群。被称为洞中一绝的“水中石笋”和珍稀鱼类透明鱼，从外表可清晰地看到里面的骨骼及五脏六腑，实属举世罕见的珍稀鱼种，观者无不称奇。“阿庐”为彝语，南诏时期，古滇三十七蛮部之一的阿庐部曾以此为中心，建立了叫自杓国的地方民族政权。

峨山彝族自治县

峨山彝族自治县成立于1951年5月12日，是新中国诞生后的第一个彝族自治县，也是云南省第一个实行民族区域自治的县份。全县辖区面积1 972平方公里，东连玉溪市红塔区、通海县，南接红河州石屏县，西南毗邻新平县，西北与楚雄州双柏县隔绿汁江相望，北连易门县和昆明市晋宁县。全县总人口151 923人，少数民族占64%。居住着彝、汉、哈尼、回、傣、白、蒙古等25个民族。峨山属中亚热带半湿润凉冬高原季风气候区。这里山清水秀，气候宜人，雨量充沛，森林茂密，溪河纵横，素有“山有多高，水有多高，冬无严寒，夏无酷暑，四季如春”之美誉。源远流长的峨山历史造就了一批文化名人，前清进士、著名书法家周於礼就是杰出代表。近代有护国名将范石生将军，曾对朱德率领的南昌起义部队从道义和物质上给予巨大帮助。

峨山彝族土掌房

宁蒗彝族自治县

宁蒗彝族自治县，俗称“小凉山”，地处滇西北高原川滇交界处，东与四川省盐边、盐源县毗邻，西与玉龙县隔江相望，南与永胜、华坪县相连，北与四川省木里县相接壤。全县总人口258 869人，彝族人口163 059人，占总人口的62.99%。宁蒗地处滇西北横断山脉中段，地势西北高东南低，境内山峰林立，沟壑交错，属典型山原地貌。改革开放以来，在党的民族政策的光辉照耀下，县委、县政府立足资源优势和实际，坚持以经济建设为

宁蒗彝族自治县火把节

中心，走出了一条“治穷先治愚、经济开发与智力开发相结合”的路子，使全县的工农业生产和各项事业得到了蓬勃发展。

石林彝族自治县

原名路南彝族自治县，是云南省昆明市远郊县，距昆明78公里。县国土面积1 719平方公里，人口24.65万人，彝族人口8万人，占全县总人口的32.34%。其境内的石林风景名胜区是首批国家重点风景名胜区、国家5A级旅游景区、全国文明风景旅游区、国家地质公园、世界地质公园、世界自然遗产。

以“阿诗玛”为代表的彝族撒尼文化是石林宝贵的文化遗产，底蕴深厚、内涵丰富。最具影响的是“一诗”“一影”“一歌”“一舞”“一节”“一绣”（即彝族撒尼语口传叙事长诗《阿诗玛》，中国第一部彩色音乐歌舞电影《阿诗玛》，唱响神州大地的

知识链接 **云南石林地质公园的形成** 是世界唯一位于亚热带高原地区的喀斯特地貌风景区，素有“天下第一奇观”“石林博物馆”的美誉。在距今约3.6亿万年前的古生代泥盆纪时期，石林一带还是滇黔古海的一部分。大约2.8亿千万年前的石炭纪，石林才开始形成。大海中的石灰岩经过海水流动时不断冲刷，留下了无数的溶沟和溶柱。后来，这里的地壳不断上升和长时间地积淀，才逐渐变沧海为陆地。海水退去后，又历经了亿万年的烈日灼烤和雨水冲蚀、风化、地震，就留下了这一童话世界般的壮丽奇景。

《远方的客人请你留下来》，热情奔放的彝族大三弦舞，被誉为“东方狂欢节”的彝族传统火把节，荣获中国国际技术产品展览会金奖的彝族撒尼刺绣）。石林被誉为“歌舞之乡”“摔跤之乡”“中国民间艺术之乡”“现代民间绘画之乡”。目前，叙事长诗《阿诗玛》和《彝族大三弦舞》《彝族撒尼挑花》《彝族摔跤》已被列入国家级非物质文化遗产名录。

南涧彝族自治县

南涧县位于云南省西部、大理白族自治州南端，东与弥渡县接壤，南与景东县毗邻，西南与云县以澜沧江为界，西至黑惠江与凤庆县隔水相望，北与巍山县相连。全县总面积1 731.63平方公里。全县总人口22.31万人，少数民族11.13万人，占总人口的49.89%。南涧县99.3%的国土面积属山区，南涧县委、县政府立足山区优势资源，成功培育烤烟、肉牛、茶叶、核桃4个产值上亿元的主导产业。其中“一县一品”红花大金元清香型烤烟质量在全国处于领先水平，被多次评为全国、全省烟叶生产先进县。南涧素有“茶叶之乡”的美称，有机茶、无公害茶生产走在了全省前列，被列为全国茶叶区域发展规划重点基地县。南涧无量山乌骨土鸡远近闻名，并被列入国家畜禽遗传资源名录和云南六大名鸡之一。南涧是全国商品牛和云南省肉牛出口基地县及云南省泡核桃生产重点县，其肉牛养殖、泡核桃生产已逐步成为优势产业。以三七为主的中草药种植已成为南涧的一大新兴产业。2008年，“南涧彝族跳菜”被列入第二批国家级非物质文化遗产保护名录。2009年，《南涧跳菜》音乐入选中国民歌博物馆馆藏音乐。

漾濞彝族自治县

漾濞古称“样备”，地处大理州中部，面积1 957平方公里。有彝、汉、白、回等17个民族，总人口103 616人，彝族占44.8%。漾濞县境内山川秀美，资源富集。苍山国家地质公园、

◀ 漾濞古城

国家级自然保护区、国家级风景名胜区苍山洱海自然保护区和风景区的重要组成部分苍山西坡全部在漾濞境内。全县境内有117条河流，水能蕴藏量达45万千瓦；目前已探明矿藏有锑、铜、铁、镍、汞、大理石、水晶石等30余种。彝、回、汉、苗、傣、傈僳、纳西等17个民族和谐共处，其中，彝族的打歌、大刀舞、敬酒歌等都蕴藏着丰厚的民族文化内涵，让人如痴如醉，其最具代表性的是彝族服饰文化的美，彝族服饰色彩鲜艳、款式多样、美丽细腻而又大方，有其很高的欣赏价值和欣赏魅力。

景东彝族自治县

景东彝族自治县位于云南省西南部，普洱市北端，辖区面积4 465.85平方公里，其中山区占95.5%，坝区占4.5%。全县总人口35.4万人，彝族人口13.8万人，占39.5%。“景东”系傣语转音，意为坝子城，是全省粮食、蔗糖、木材、核桃、芒果重点产区，是普洱市的“粮仓肉库”，是普洱茶主产区之一。“郝思嘉”牌核桃乳闻名遐迩，“金铃”牌松香、松节油远销国内外。境内有无量山、哀牢山两个国家级自然保护区和漫湾、大朝山两个百万千瓦级大型水电站。无量山、哀牢山保留了全国1/3的物种，保护区内生息的黑冠长臂猿群为世界所仅有。

峨边彝族自治县

峨边位于四川省西南部的小凉山，与佛教圣地峨眉山毗邻，是通往大凉山的门户。全县辖区面积2 395.5平方千米。总人口

148 883人，彝族人口4.63万人，占33.12%。境内原始森林林海茫茫，山水交错，有大小溪河42条，水产资源极为丰富，野生鱼类十多个品种，娃娃鱼（大鲵）为国家二级保护动物。林海中生长着成片的三月竹、八月竹和箭竹，为野生动物提供了生存繁殖的良好条件，珍稀动物种类繁多。峨边春笋为享誉中外的山珍，名贵中药材有天麻、杜仲、黄连、黄檗等。其境内的黑竹沟景区非常有名。

知识链接 **黑竹沟** 位于四川省峨边彝族自治县境内，为国家级森林公园。黑竹沟横跨彝族聚居的斯合镇、哈曲和勒乌乡，面积约280平方公里，黑竹沟地势雄险、景观绝妙、生态原始、物种珍稀、环境神奇，其森林景观丰富，自然景观独特，民族风情浓郁，加之种种神奇的传说，使黑竹沟闻名于世。

黑竹沟国家森林公园海拔2 400米以上的山坡上，分布有以“天眼”“船湖”“杜鹃池”为代表的十余处高山海子，水面面积最大的约200亩，湖光山色相映成趣，构成了优美的风光。每到冬季，在公园海拔2 200米以上，积雪覆盖，千姿百态的雪凇、雾凇、冰挂、冰凌等，构成了冬季景观一绝。

黑竹沟的原始森林面积占所有面积的81%，林中各种植被种类繁多。有许多稀珍濒危的野生动物出没林中，其中有国家一级保护动物大熊猫、羚牛、豹、云豹、四川山鹧鸪等，国家二级保护动物小熊猫、短尾猴、黑熊、岩羊、大灵猫等。公园位于彝族聚居地，既可以观赏丰富的彝族衣食住行等物质文化，又可以领略精彩的彝族人文风情。

马边彝族自治县

马边彝族自治县位于四川盆地西南边缘小凉山区，地处乐山、宜宾、凉山三市州接合部，全县辖区面积2 383平方公里，总人口17.3万人，彝族占37%。马边属亚热带季风气候，资源丰富，开发前景广阔，是乐山亟待开发的处女地，是乐山跨越式发展的后劲所在。境内旅游资源得天独厚，开发潜能巨大。有“养在深闺人未识”的马边大风顶国家级自然保护区、黄莲山万亩人工林和石梁大佛（宋代）、明王寺（明代）、荣丁东皇殿及佛殿（明代）3个市级文物保护单位，还有不少可供漂流的河段。其中

边城春早

马边大风顶国家级自然保护区总面积3万公顷，主要保护大熊猫、金丝猴、珙桐、水青树等珍稀动植物及其栖息地，保护区内具有典型的亚热带山地常绿阔叶林至高山草甸森林生态系统，主峰海拔4 042米，海拔3 000米以上山峰43个。目前，大风顶国家级自然保护区已与乐山大佛、峨眉山、黑竹沟并列为乐山市四大旅游景点。

江城哈尼族彝族自治县

江城哈尼族彝族自治县成立于1954年5月18日，位于云南省南部，东与绿春县为邻，东南与越南接壤，南与老挝交界，西与勐腊县、景洪市毗邻，西北与翠云区、宁洱县相连，北与墨江县隔江相望，国境线长183公里。面积3 544平方公里。2010年全县总人口为12.15万人，少数民族人口为9.11万人，占总人口的74.93%。其中哈尼族人口为5.74万人，占总人口的

江城野象

47.29%；彝族人口为1.49万人，占总人口的12.27%。江城是云南唯一与两个国家接壤的县，“一眼望三国”的区位条件和“内环三江（李仙江、勐野江、蛮老江）”的水文地理特点，为江城提供了丰富的旅游资源。境内各种金属矿产和非金属资源丰富，其中已探明岩盐储量25亿吨，钾盐的储量2 000多万吨，是我国唯一的可溶性古钾盐矿床。

巍山彝族回族自治县

巍山彝族回族自治县属大理白族自治州，位于云南省西部，大理白族自治州南部，全境总面积2 200平方公里。全县人口31.67万人，彝族10.97万人。巍山县境内群山连绵，峻岭逶迤，地形错综，河谷、山地、盆地相间分布。气候属北亚热带高原季风气候，四季温暖，冬无严寒，夏无酷暑。通过不懈努力，巍山旅游的知名度和美誉度不断得到提高，巍山的“南诏古都”“彝祖故里”“道教圣地”“鸟道雄关”“红河之源”“和谐回村”六张旅游名片得到成功打造，“一山”（巍宝山）、“一城”（巍山古城）、“一村”（永建东莲花村）已成为越来越多中外游客心中的向往之地。

巍山

寻甸回族彝族自治县

寻甸回族彝族自治县地处云南省东北部、昆明市北部。全县面积3 598平方公里，境内居住着汉、回、彝、苗等35个民族，总人口51.5万人，少数民族占全县总人口的22.66%。寻甸是个典

寻甸北大营万亩草原

型的农业县，全县山区总面积占87.5%，农业人口占总人口的93%，共有耕地154.8万亩，在册耕地48.47万亩。有丰富的水资源，牛栏江、普渡河、小江三大水系共21条支流遍布境内，随着“引清济昆”“引牛补滇”工程的实施，寻甸将成为昆明市生产生活用水的重要供给地。高原湖泊清水海是滇东北最大的天然淡水湖泊，库容量1.17亿立方米，水能理论蕴藏量17.16亿千瓦。

元江哈尼族彝族傣族自治县

元江哈尼族彝族傣族自治县，位于云南省中南部，地处元江中上游，东与石屏县接壤，南与红河县相连，西与墨江县毗邻，北紧靠新平县。全县总面积2 858平方公里，全县总人口198 705人，少数民族人口158 723人，占总人口的79.88%。元江气候属低纬高原季风气候；由于地形复杂，立体气候特点突出，山区温

元江太阳城广场

凉，坝区炎热。境内有全国第二大镍矿；共有100多种动物和2 300多种植物。盛产稻谷、玉米、小麦、烤烟、茶叶、冬早蔬菜、芒果、香蕉、酸角、芦荟、茉莉花等特产。

新平彝族傣族自治县

新平彝族傣族自治县位于云南省中部偏西南，地处哀牢山中段东麓，东与峨山彝族自治县毗邻，东南与石屏县接壤，南连元江哈尼族彝族傣族自治县，西南接墨江哈尼族自治县，西与镇沅彝族哈尼族拉祜族自治县相接，北隔绿汁江与双柏县相望。全县总面积4 223平方公里，乡村人口240 000多，彝族、傣族人口176 829人，占全县总人口的64.8%。新平气候受海拔差影响，形成河谷高温区、半山暖温区、高山寒温区三个气候类型。新平县境共有一江32条河，主河流元江自西向东南斜贯新平全境，将县境分为东西两片，形成“两山对峙，一水中分”的地貌景观。新平县旅游资源丰富，其原始生态最为典型，为世界同纬度生物多样化，同类型植物群落保留最完整的地区，被列为联合国“人与生物圈”森林生态系统定位观察站和国际候鸟保护基地。

新平

禄劝彝族苗族自治县

禄劝彝族苗族自治县位于滇中北部，是昆明市远郊县，东与寻甸、东川相连，南与富民县接壤，西与武定县毗邻，北界金沙江与四川省会理、会东两县相望，人口44.63万人，其中少数民

禄劝皎平渡

族占全县总人口的30.7%。目前全县已形成了以粮食为基础，烤烟为支柱，林、果、畜同步发展的第一产业生产格局；以电力、运输、矿产品的开采及加工业为龙头的第二产业在激烈的市场竞争中健康发展；以交通运输等服务行业为龙头的第三产业迅速发展，全县城乡市场物资充足，市场活跃。

景谷傣族彝族自治县

景谷县训岗仙人卦

景谷位于云南省西南部、普洱市中部偏西，总面积7 550平方公里，总人口29.17万人，以傣族、彝族为主的少数民族人口占46.3%，每平方公里人口密度38.64人。1985年6月11日经国务院批准成立景谷傣族彝族自治县。景谷山川秀丽，风光宜人，自然资源得天独厚，矿产资源丰富，野生动物众多。景谷是闻名中外的“普洱茶”产地之一，国务院特定的晒青毛茶的代表样和制样区，景谷秧塔白茶为清代皇室“贡茶”，多次被评为全省八大名茶之一。森林资源是景谷最大的优势资源，全县林业用地874.9万亩，占总面积的77.5%。

镇沅彝族哈尼族拉祜族自治县

镇沅位于云南省的西南部，隶属于普洱市，总面积4 136.81平方公里。人口20.4万人，少数民族人口10.58万人，占总人口的51.8%。镇沅地形如一匹奔驰的骏马，山区面积占全县总面积的97.7%。镇沅独特的地形与良好的地理位置形成了优越的气候特点，造就了极为丰富的生物资源。镇沅地处哀牢山、无量山矿带，矿藏资源丰富。其中镇沅金矿是滇西南黄金储量最多的金矿，系国家级的黄金生产基地，已探明黄金远景储量达100吨，居全省第一、全国第五位。镇沅为傣语“正也”转音，意为“粮仓小城”，具有十分可观的旅游开发前景。

镇沅彝族哈尼族拉祜族自治县县城

威宁彝族回族苗族自治县

威宁彝族回族苗族自治县地处黔西北高原，西、南、北三面分别与云南省接壤，是云贵川三省的交通要冲，被誉为贵州的西大门。国土面积6 296.3平方公里。县境中部为开阔平缓的高原面，四周低矮，是贵州省面积最大、海拔最高的县。低纬度、高海拔、高原台地的地理特征，使这里的光能资源和风力资源为贵州之冠，威宁县城也因年平均日照数为1 812小时，被贵州省气象学界命名为“阳光城”。全县辖35个乡镇，620个行政村（居）委会。2008年末总人口126万人，少数民族人口占全县总人口的24%。

威宁县物产资源种类繁多，是著名的“马铃薯之乡”“中药材之乡”“畜牧之乡”和“南方落叶水果基地”。

知识链接 **威宁草海** 威宁草海自然保护区位于贵州威宁彝族回族苗族自治县境内，属于石灰岩溶蚀湖，素有“高原明珠”之称，是贵州最大的天然淡水湖，与洱海、滇池齐名，是国家自然保护区。海拔2 171.7米，覆盖面积保持在30平方公里以上，以水草繁茂而得名。

它的流域面积约380平方公里，湖水面积45平方公里，一般水深为2米，蓄水量1.4亿立方米。草海优越的自然条件孕育了草海丰富的生物资源，草海因湖水较浅，水质良好，透明度大，且湖底又多为淤泥底质，因而水生高等植物种类繁多，各类水生植物几乎布满湖中。由于得天独厚的自然条件，草海成为百鸟水禽栖集的乐园，种类多达150种。

草海附近的彝族人，每年端阳节，彝族群众在这里举行赛马，热烈奔放的彝族火把节、庄严肃穆的回族古尔邦节、欢快明朗的苗族花山节等节日活动和民族歌舞，和草海美丽的风景交相辉映。

隆林各族自治县

隆林是全国仅有的两个各族自治县之一，也是百色革命老区唯一的少数民族自治县。位于广西西北部，地处滇、黔、桂三省（区）交界处，属云贵高原东南边缘。总面积3 551

隆林彝族

平方公里，境内聚居着苗、彝、仡佬、壮、汉5个民族，2011年末全县总人口40万人，其中少数民族人口占全县总人口的81.2%。全县有大小河流118条，已经兴建的在南盘江上的国家重点工程天生桥一、二级水电站、自治区重点工程平班水电站、冷水河现已建成的7个梯级电站，构成了国家“西电东送”的重要能源基地之一。

参考文献

1. 方国瑜. 彝族史稿. 成都: 四川民族出版社, 1984
2. 陇贤君. 中国彝族通史纲要. 昆明: 云南民族出版社, 1993
3. 伍精忠. 凉山彝族风俗. 成都: 四川民族出版社, 1993
4. 巴莫阿依. 彝族祖灵信仰研究. 成都: 四川民族出版社, 1994
5. 彝文文献学概论. 北京: 中央民族大学出版社, 1996
6. 潘先林. 民国云南彝族统治集团研究. 昆明: 云南大学出版社, 1999
7. 孟慧英. 彝族毕摩文化研究. 北京: 民族出版社, 2003
8. 贾银忠. 中国彝族旅游文化. 成都: 四川民族出版社, 2003
9. 易谋远. 彝族史要. 北京: 社会科学文献出版社, 2007
10. 朱崇先. 彝文古籍整理与研究. 北京: 民族出版社, 2008
11. 龚荫. 中国土司制度史. 成都: 四川人民出版社, 2012
12. 彭卫红. 彝族审美文化. 北京: 中国社会科学出版社, 2013

图片提供者

（按姓氏笔画为序）

大理旅游网
第181页
马边彝族自治县政府网站
第183页（上）
《中国少数民族英才录》
第169页（下）
《中国彝族通史》
第164页
第168页
《云南大学民族学人类学史略（一九三八至一九四九）》
第170页（下）
吉木日哈
第14页
第18页
第20页（下）
第24页
第27页
第42页
第44页
第45页
第46页
第47页
第50页
第51页
第52页
第53页
第58页
第62页
第63页
第64页（下）
第67页
第68页
第69页
第71页
第72页
第73页
第79页
第80页
第81页
第83页
第93页
第94页（上）
第99页
第107页
第110页
第114页
第115页
第116页
第117页
第120页
第122页
第123页
第125页
第126页
第127页
第130页
第133页
第134页
第136页（下）
第152页
第157页
《少数民族文物图典》
第97页（上）
毛发虎
第32页
第33页
第34页
第77页
第91页
第94页（下）
第98页
第131页
宁蒗彝族自治县政府网站
第179页
列来杜拉
第20页（上）
第28页
第29页
第36页
第38页
第49页（上）
第56页
第76页
第82页
第84页
第85页（上）
第86页
第87页
第90页（下）
第105页
第121页
第135页
第136页（上）
第153页
第154页（下）
吉木日哈
第14页
第18页
第20页（下）
第24页
第27页
第40页
第42页
第44页
第45页
第46页
第47页
第50页
第51页
第52页
第53页
第58页
第62页
第63页
第64页（下）
第67页
第68页
第69页
第71页
第72页
第73页
第79页
第80页
第81页
第83页
第93页
第94页（上）
第99页
第107页
第110页
第114页
第115页
第116页
第117页
第120页
第122页
第123页
第125页
第126页
第127页
第130页
第133页
第134页
第136页（下）
第152页
第157页
汇城网
第183页（下）
《李乔文集》
第170页（上）
陈国光
第20页（中）
第25页
第26页
第35页
第41页（上）
第64页（上）
第65页
第70页
第90页（上）
第95页
第96页
第139页
第147页（上）
第184页
第185页
第186页
第187页
第188页
第189页
《昭通彝族史探》
第166页
第167页
《凉山彝族》
第169页（上）
峨山网
第178页
旅人
第16页
第17页
第21页
第22页
第23页
第101页
第103页
第162页
第163页
黄平山
第30页
第37页
第41页（下）
第49页（下）
第55页
第78页
第85页（下）
第97页（下）
第102页
第104页
第111页
第112页
第124页
第140页
第144页
第145页
第146页
第147页（下）
第149页
第150页
第151页
第154页（上）
第155页
第158页

后记

本人作为彝族母语人，这些年一直在中央民族大学开设《彝族文化概论》课，手头积累了一定的资料，在教学研究中也有一些心得体会。当辽宁民族出版社的李璜编辑邀约我，撰写《走近中国少数民族丛书·彝族》时，尽管时间紧迫，还是爽快地答应了下来。按照出版社的要求，在参考前人相关研究著述的基础上，完成了这样一份答卷。我在这里要特别感谢民族画报社的高级记者列来拉杜先生、四川凉山普格县委宣传部常务副部长吉木日哈先生、彝族人网站的创建者黄平山先生和毛发虎先生，他们无私地为本书提供了很多精美的照片。还要特别感谢美女李璜编辑，她为本书的编辑出版付出了很多的劳动，她的视野和能力非同小可，她的敬业和担当让人钦佩，她的谦逊与豁达令我难忘。

陈国光

2014年12月28日

于北京魏公村